사과는 무엇을 꿈꾸는가

사과는 무엇을 꿈꾸는가

—— 모지현 지음 ——

세 계 . 역 사 를 . 바 꾼 . 8 가 지 . 사 과 . 이 야 기

드림북스

사과는
무엇을
꿈꾸는가

개정판 1쇄 발행 2025년 11월 25일

지은이 모지현
펴낸이 조일동
펴낸곳 드레북스

출판등록 제2025-000023호
주소 서울시 은평구 통일로 630 래미안 베라힐즈 203동 1102호
전화 02-356-0554 **팩스** 02-356-0552
이메일 drebooks@naver.com
인스타그램 @drebooks

인쇄 (주)프린탑
배본 최강물류

ISBN 979-11-93946-62-6 03300

- 이 책은 저작권법에 따라 보호받는 저작물이므로 무단 전재와 무단 복제를 금지하며, 이 책의 전부 또는 일부를 이용하려면 저작권자와 드레북스의 동의를 받아야 합니다.
- 책값은 뒤표지에 있습니다.
- 잘못된 책은 구입하신 서점에서 바꿔 드립니다.

세계 역사를 바꾼 8가지 사과 이야기

프롤로그

 사과 하나가 땅으로 떨어졌다. 아이작 뉴턴의 우주가 뒤흔들렸다. 또 다른 사과는 소년의 머리 위에 얹혔다. 아버지 빌헬름 텔의 활시위가 팽팽하게 울었다. 최초의 사과는 이브의 손에 들렸다. 뱀의 속삭임과 함께 인류는 낙원을 잃었다. 우리 기억 속에 너무나 선명하게 새겨진 역사의 결정적 장면이다.
 그런데 이상하다. 뉴턴이 사과를 보며 법칙을 찾았다 하기에는 기록들이 미심쩍다. 빌헬름 텔이 아들의 목숨을 걸고 활을 쏘았다는 이야기는 스위스가 아닌 북유럽 신화에 먼저 등장한다. 에덴의 그 열매가 어째서 사과로 그려졌는지 성경 어디에도 설명은 없다. 어쩌면 진실은 아주 다른 모습일지 모른다. 그날 뉴턴의 뜰에는 사과가 떨어지지 않았을 수도, 텔은 존재하지 않는 인물일 수도, 에덴의 나무에는 무화과가 매달려 있었을 수도 있다.

그럼에도 세상은 사과를 선택했다. 뉴턴의 전기를 쓴 작가이든, 자유를 노래한 시인이든, 성화를 그리던 무수한 화가이든 모두 약속이나 한 듯 사과를 무대 한가운데로 불러냈다. 사과는 그들 손에서 단순한 과일이 아닌, 한 시대의 정신을 담은 운명적 상징으로 다시 태어났다. 수많은 과일 가운데 사과만이 인간의 원죄가 되고, 만유인력의 계시가 되고, 자유를 향한 투쟁의 증인이 되었다. 역사를 연출한 그들은 왜 하필 사과여야만 했을까? 붉고 둥근 과일에서 대체 무엇을 보았는가?

지혜와 풍요를 품는 동시에 유혹과 타락, 죽음을 상징하는 두 얼굴의 과일. 사과를 사이에 두고 누군가는 깨달음을 얻고 누군가는 낙원에서 쫓겨났다. 그토록 모순적인 생명력을 지녔기에 인간의 복잡한 드라마를 담아낼 가장 완벽한 그릇이 되었던 것은 아닐까.

한때 역사는 왕과 제국의 연대기였다. 위대한 영웅의 서사이거나 거대한 구조의 기록이었다. 그러다 어느 날, 이름 없는 방앗간 주인의 삶, 치즈 한 덩이에 숨은 우주를 파고드는 이야기가 나타났다. 거대한 서사 틈새로 비집고 들어온, 작고 내밀한 목소리였다. 이런 것도 역사일 수 있는가? 역사를 공부하던 우리는 조심스럽게 물었고, 이내 그 낯선 방식이 들려주는 인간 삶의 깊이에 매료되었다.

대학원 강의실에서 내뱉었던 지적 찬탄은 지금도 생생하다. 역사는 가장 작고 침묵하는 것들 속에도 숨을 쉰다! 커피콩 하나의 여정, 낡은 지도 한 장에 새겨진 미래, 이름 없는 사람이 남긴 접시 위에도 한 시대의 우주는 담길 수 있다! 오랫동안 박물관 유리 상자 안에 잠들어 있던 사물이 우리에게 말을 걸어오기 시작했다. 바로 그 지점에서, 나는 사과를 다시 보았다. 세상의 거대한 톱니바퀴를 움직인 것은 어쩌면 이름 없는 과일 한 개에서 시작된 작은 꿈이었을지도 모른다.

  사과를 둘러싼 흥미로운 일화, 그 너머까지 보려는 시선은 현재에서 출발한다. 잠들어 있던 과거는 현재의 시선이 닿을 때 비로소 깨어나 말을 건네며 우리를 변화시킨다. 진짜 역사는 책장을 덮은 뒤 시작된다. 그 이야기가 내 안으로 들어와 삶에 어떤 무늬를 남기는가? 거기에 역사의 무게가 있다.

  우리의 시선이 향할 8개의 사과는 공교롭게도 모두 서양의 역사 속에 놓여 있다. 외면하고 싶지만 지금 우리가 딛고 선 세계의 사상과 욕망, 그 모든 틀을 짜 올린 문명의 중심이다. 그들 과거의 선택지를 들여다보는 일은 결국 거울 앞에 서는 일과 같다. 그들 세상이 지나온 시간을 통해 지금 우리 자신을 비춰보는 작업이다.

  붉은 구(球) 한 알이 세계를 빚어내는, 기적 같은 여정. 사과는 무엇을 꿈꾸었을까? 어떻게 신화가 되고, 과학이 되고, 혁명이 되었을까? 호기심 어린 질문의 끝에서 우리는 어떤 값진 풍요와 마주할 수 있을지 기대해본다.

프롤로그

1 태초에 사과가 있었을까

'선악과' 내러티브	015
그것이 사과가 아니라면	018
기독교 전파와 사과	023
언어유희로 맺어진 '악'과 '사과'	031
《실낙원》의 사과, 그리고 이브	035
이브의 딸들	038

2 영원에서 지상으로

그리스 로마 신화와 불핀치	047
신화, 깨어나다	049
헤리페리데스와 아탈란테	052
'티 칼리스티' 황금 사과를 던지다	056
파리스의 심판과 트로이아 전쟁	059
신화에서 역사로	065
이성, 헬레네를 변명하다	071
트로이아 전쟁의 패자 부활	077

3 사과로 쏘아 올린 낙원

궁수 토케와 푸른 이 하랄드	085
역사에 나선 스위스	092
빌헬름 텔, 영웅이 되기까지	095
프리드리히 실러와 〈빌헬름 텔〉	100
프랑스혁명과 텔의 사과	107
엘리시온과 〈합창교향곡〉	114

4 자연철학자의 은밀한 비밀

과학자 뉴턴 대 마법사 뉴턴	121
'기적의 해'	123
뉴턴과 사과	127
거인들의 탄생	132
진리는 최고의 친구	139
《프린키피아》의 탄생	143
마지막 마법사, 계몽의 빛으로	147

5 죽어야 사는 메르헨

그 이야기를 읽는 동안	157
《펜타메론》과 《옛이야기》	159
《어린이와 가정을 위한 메르헨》	163
어린이책, 출현하다	167
민족의 민담에서 어린이 메르헨으로	173
살림 천재, 백설공주는 7살	178
백설공주는 왜 사과를 먹었을까	184

6 진실을 그리고 전설이 되다

피카소의 이유 있는 극찬	193
세잔을 거부한 권위들	195
피렌체에서 파리까지	200
인상주의자의 인상 깊은 등장	205
'세잔의 사과'와 《작품》	209
사과, 진실을 말하다	214
세잔에게 경의를	220

7 시대가 남긴 유산

그의 마지막에 놓인 것	227
대영제국과 튜링	229
제1차 세계대전과 암호해독반 40호실	234
킹스칼리지 괴짜의 선택	239
제2차 세계대전, 봄브와 콜로서스	244
베이비와 ACE, 미래를 열다	250
튜링과 사과	253

8 새로운 신화의 탄생

사과의 세대교체	261
비틀스와 애플	263
사과, 선택되다	268
에스프레소와 백설공주 프로젝트	274
애플 뉴턴, 스마트폰으로	279
독이 든 사과	284
디지털과 인문학	289

에필로그

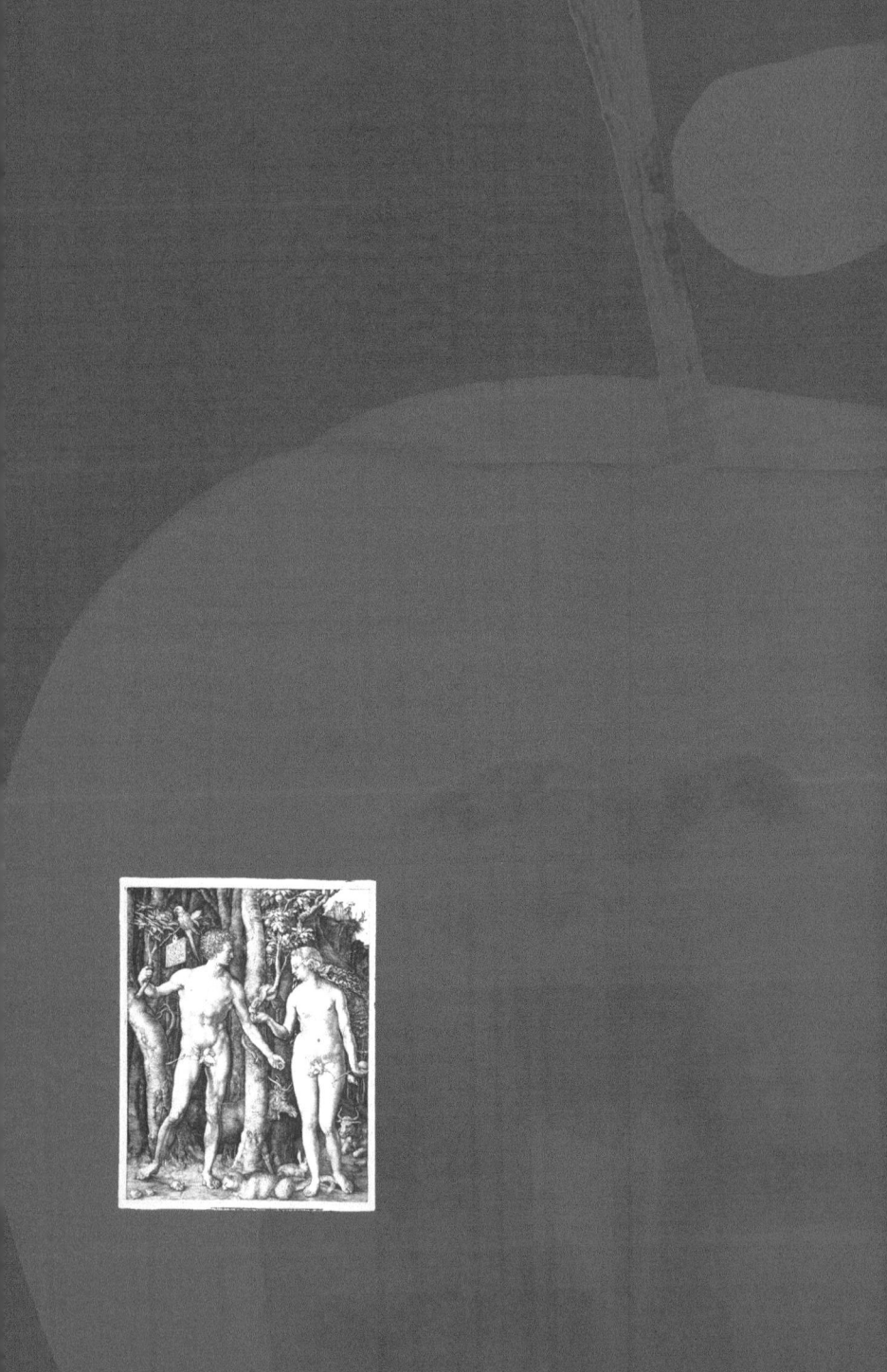

1장

태초에 사과가
있었을까

종교

●

아담이 아닌 이브의 '사과'가
금단의 열매가 된 이유

/

수다한 종교적 전통에서 언급되지만, 이브가 먹은 사과는 특별히 기독교(그리스도교)의 시선에서 죄의 시작이자 인간에게 신과의 단절, 고통과 죽음을 가져온 '악한 과일'의 대명사다. 하지만 이 사건이 기술된 어떤 성경에도 '이브의 사과'라 불릴 만한 단도직입적인 표현은 나오지 않는다. 여호와로부터 이브가 직접 금지 명령을 듣는 장면도, 심지어 '사과'라는 단어조차 보이지 않기 때문이다. 그럼에도 '이브의 사과'가 금단의 열매를 뜻하게 된 이유는 무엇일까? 그렇게 규정된 결과 역사는 어디로 흘렀을까?

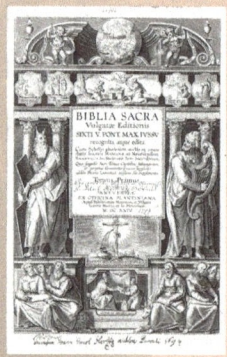

'선악과' 내러티브

《구약성경》 중 〈창세기〉는 여호와가 태초에 천지를 창조하는 것으로 시작된다. 여호와는 땅의 흙으로 여호와의 형상과 모양대로 사람을 만들어 생기를 불어넣는데, 그가 인류의 조상 아담이었다. 그리고 동방의 에덴에 동산을 만들어, 지은 사람을 거기에 두고 경작하며 지키게 했다. 그 땅에는 보기에 아름답고 먹기에 좋은 나무가 있었고, 생명나무와 선악을 알게 하는 나무도 있었다. 여호와는 아담에게 선악을 알게 하는 나무의 열매는 따 먹지 말라고 명령한다.

"너는 이 동산에 있는 각종 나무의 열매를 마음대로 먹을 수 있다. 그러나 선과 악을 알게 하는 나무의 열매는 먹지 마라. 그것을 먹는 날에는 네가 반드시 죽을 것이다."

아담이 혼자 있는 것이 좋지 못하기에 그에게 알맞은 돕는 이를 주기로 한 여호와는 흙으로 생물들을 빚어 그에게 보낸다. 아담은 들짐승과 새들의 이름을 지었지만, 그 사이에서 돕는 존재를 찾을 수 없었다. 여호와는 아담을 깊이 잠들게 한 뒤 갈빗대 하나를 취해 사람을 만들어 아담에게 데려왔고, 아담이 그를 여자라고 부르며 부부가 되었다.

그러나 여호와가 지은 들짐승들 중 가장 교활한 뱀은 명령을 어기도록 여자를 유혹한다. 여자가 선과 악을 알게 하는 나무를 보니 지혜롭게 할 만큼 탐스러워 보여 열매를 따 먹었고, 남자에게 주어 그도 먹었다. 그들은 눈이 밝아져 자신들이 벗은 줄 알고 무화과나무 잎으로 옷을 만들었으며 여호와의 낯을 피해 숨는다.

여호와는 명령을 어긴 그들에게 노동과 임신, 출산의 고통을 부여한다. 아담은 여자의 이름을 '살아 있는 모든 사람의 어머니'라는 뜻의 '하와'(이브는 히브리어 하와의 영어식 번역으로, 본서에서는 혼용함)라고 불렀다. 여호와는 둘에게 가죽옷을 지어 입힌 뒤 에덴동산에서 내보내 땅을 일구게 했고, 에덴동산 동쪽에 그룹들과 회전하는 칼의 불꽃을 두어 생명나무의 길을 지키게 한다.

이것이 인간 창조와 원죄의 시작, 그리고 낙원으로부터 추방으로 이어지는 '선악과' 내러티브다. 하지만 성경 어디에도 '사과'라는 단어는 등장하지 않는다. '선악을 알게 하는 나무의 열매'라는 표현만 있을 뿐이다. '선과 악'은 히브리어의 특성상 선에서 악까지, 즉 '모든 것'이라고도 본다. 그래서 문제의 나무는 생명나무와 비교해 지혜의 나무라고 표현되기도 하는 만큼 상징성이 크다. 에덴동산에 단 한 그루 존재했던 그 나무를, 실재하는 특정한 나무라고 여기지 않는 편이 합리적이라고 보는 이유다.

그러나 선악과를 사과라고 선택한 그, 혹은 그들은 문제의 열매가 실존하지 않고 상징적인 열매일 것이라 간주하면 안 될 이유가 있었을 것이다. 문제의 열매가 사과로 구체화 되어야 할 필요성 말이다. 그것은 무엇이었을까?

그것이 사과가 아니라면

사실 《구약성경》, 즉 히브리 성경 속의 중심 민족인 유대인들은 선악을 알게 하는 나무 열매를 '무화과'라고 생각한다. 성경 속 사건들이 펼쳐지는 주된 무대는 유대인의 고향인 서아시아 팔레스타인 지역으로, 무화과는 그 지역에서 가장 흔한 과일이다. 당시 유대인에게 과일이란 무화과를 뜻했기 때문에 구태여 기록할 필요가 없었다고 생각한다. 그것이 아닐지라도 최소한 무화과를 소재로 사용했다고 여긴다. 게다가 벗은 몸을 가리는 등 급한 상황이라면 손에 잡히는 대로 이용하기 마련이므로, 무화과나무 잎을 선택한 것으로 보아 아담과 이브가 '열매를 따 먹은' 무화과나무 가까이에 있었음을 알 수 있다는 것이다. 더러는 《신약성경》〈복음서〉 내용 중 무화과나무가 저주받은 사건을 이와 연결 짓기도 한다.

이탈리아 르네상스의 3대 화가 중 한 명인 미켈란젤로 부오나로티는 바티칸의 시스티나 소성당에 천장화를 그렸다. 이 작품은 인류 역사상 가장 위대한 그림 중 하나로 꼽히는 걸작이다. 우리나라에서는 '천지창조'라고 불리지만, 실제 회화의 중요 9개 그림 중 천지창조에 관련된 것은 3점뿐이다. 나머지 그림 6개 중 3개는 아담과 이브에 관련되고, 그 외 셋은 노아의 이야기를 다루고 있다.

미켈란젤로는 1510년 아담과 이브 그림 중 '타락과 에덴에서의 추방'을 완성했다. 타락하기 직전 아담과 이브의 모습, 그리고 추방되는 둘, 이 두 장면을 한 화폭 속 좌우에 담아냈다. 그런데 타락하는 결정적인 장면을 자세히 들여다보면 뱀이 이브에게 문제의 열매를 건네주는 손안은 비어 있다. 나무의 잎을 무화과 잎과 비슷하게 그려 넌지시 에둘러 표현할 뿐이다. 그 때문에 문제의 열매를 무화과로 생각하는 사람들의 명단에 미켈란젤로도 올랐다.

유대인의 지혜서인 《탈무드》처럼 문제의 열매를 '밀알'로 보는 시각도 있다. 〈창세기〉에 따르면 에덴은 비손, 기혼, 힛데겔, 유브라데라고 명명된 강들의 근원에 위치했다고 한다. 이 가운데 힛데겔(티그리스)과 유브라데(유프라테스)는 오늘날 실제 지리적인 이름으로 존재한다. 그리고 이곳을 포함하는 '비옥한 초승달 지역'은 밀을 대표로 하는 초기 농업이 처음 시작되고 메소포타미아 문명이라는 인류 역사상 최초의 문명이 탄생한 지역이

기도 하다.

여호와의 명령을 어긴 죄를 지은 후 그에 대한 대가로 남성인 아담은 땅을 경작하는 '노동'을 해야 했다. 인간의 타락 이전까지는 스스로 모든 열매를 내놓은 땅이 아담으로 인해 저주받으면서 가시와 엉겅퀴만 내었기 때문이다. 이로써 남자는 땀을 흘려 노동해 곡식을 얻어야 했으며, 때로는 그 일이 헛수고로 돌아가기도 했을 것이다.

사실 역사학자들은 채집과 사냥을 하던 인류가 농사를 짓기 시작한 인류보다 더 잘 먹고 살았을 것으로 추정한다. 다만 채집과 사냥 단계의 사회는 경작하는 인류에 비해 인구 증가에 한계가 있었다. 역사에서 신석기시대를 '사냥 중심 생활방식의 종말과 전적으로 금속을 사용하는 경제의 도입 사이의 시대로, 농경이 시작되어 유럽, 아시아, 북아프리카로 천천히 움직이는 물결처럼 퍼져나간 시기'라고 요약할 때, 밀 농사의 시작은 구석기에서 신석기시대로 변화를 의미한다.

헤브라이즘(신본주의)이 아닌 휴머니즘(인본주의)적 시각에서 선악과 내러티브를, 문제의 열매를 통해 인간이 신과 같이 지혜를 가지고 능동적으로 인류 역사를 개척해간다는, 즉 주어진 환경에 맞춰 살아가던 인간이 지혜를 이용해 환경으로부터 수확물을 얻는 인간으로 변했다는 의미로 본다면, 밀은 인간의 지혜를 깨운 문제의 열매로 간주될 수 있다. 선악과 내러티브는 비옥한 초승달 지역에서 비롯된 신석기 역사의 시작을 반영한다.

이후 '밀'이 부와 번영의 상징으로 여겨져, 고대 유럽인의 결혼식에서 신부 머리에 끼얹는 곡식 중 가장 오래된 곡식이 되는 것도 이런 맥락에서 파생된 풍습일 것이다. 당시 결혼하지 않은 여자들은 다음에는 자신이 결혼하길 바라며 신부의 머리에서 흘러 떨어진 밀알을 앞다퉈 끌어모으기도 했다고 한다. 기원전 100년경 제과 기술이 뛰어난 로마인이 웨딩 케이크를 만들어 신부에게 던지기 전까지였지만.

한편 성경 속 여러 예식과 비유 속에 등장하는 '포도'로 보는 의견도 있다. 이는 라틴어 속담 '포도주 속에 진실이 있다'와 관련되기도 한다. 포도와 포도주를 동일시해, 사람을 지혜롭게도 하지만 반대로 죄를 짓게도 하는 술의 특성과 연결한다. 포도도 사과와 마찬가지로 이중적 속성이 있는데, 열매가 으깨어지면 죽음을 맞이하지만 오묘한 발효 과정을 거치면 포도주로 부활한다. 이 때문에 고대인들은 포도에 대한 경외심을 가졌고, 기독교와 유대교 예식에 여러 상징과 은유로 포도 및 포도주를 빠뜨리지 않았다.

심지어 '커피'라고 주장하는 이들도 있다. 선악을 알게 하는 나무의 열매를 먹고 아담과 이브는 눈이 밝아진다. 정신적으로 각성한 것이다. 나무 열매 가운데 인간이 먹어 '깨어 정신을 차리게 하는' 각성 효과를 유발하는 열매는 커피, 카카오, 과라나 등 몇 종류가 되지 않는다고 한다. 커피의 여러 기원 중에서 에덴동산 기원설은 선악을 알게 하는 나무가 커피나무였다는 주장이 핵심이다. 그러면서 적어도 문제의 열매가 사과는 아니라는 논지를 내민다.

성경 텍스트 자체나 역사적 또는 지리적, 심지어 과학적인 배경까지 따져도 사과여야 하는 이유를 선뜻 대기 어렵다. 그런데도 이브가 다른 것이 아닌 사과를 먹은 까닭은 무엇인가? 이에 대한 답은 성경 내용보다 로마가톨릭을 포함한 서구의 기독교라는 종교의 역사에서 찾아야 한다.

기독교 전파와 사과

로마는 초기에 자신의 제국 내에서 성립된 기독교에 관심을 두지 않다가 점차 박해를 가하기 시작한다. 네로 황제와 십자가, 카타콤, 그리고 사자 등으로 상징되는 가공할 만한 탄압이었다. 그럼에도 불구하고 기독교 전파는 막을 수 없었고, 마침내 313년 콘스탄티누스 황제가 공표한 밀라노칙령으로 기독교를 공인했다. 그 뒤 국교의 자리에까지 오르며 황제권과 결속되기 시작한 기독교는 380년 '보편적 기독교인'이라는 뜻의 '가톨릭'이라는 용어로 문서에 최초로 언급된다.

이를 시행했던 테오도시우스 1세 사후 제국은 동서로 분열된다. 비잔티움제국으로 불릴 동로마는 콘스탄티노폴리스(비잔티움)를 중심으로 인구가 증가하고 경제적 번영을 누리며 제국의 중심으로 자리 잡는다. 그리스어를 사용하고 그리스정교를 발전시킨 이들은 이후 천 년 이상 위용을 자랑했다. 거포 바실리카와 기막힌 공성 전술로 난공불락의 테오도시우스 성벽을 뚫은 오스만제국 메메트 2세에 의해 콘스탄티노폴리스가 함락되며 멸망한 1453년까지.

반면에 라틴어를 사용하던 서로마는 동로마와 나뉜 뒤 가난해졌으며 주변부로 전락했다. 심지어 로마마저도 제국의 변두리가 되었는데, 4세기 초 이후 단 한 명의 황제도 로마에 거주하지 않았을 뿐 아니라 황제가 로마를 방문한 것도 두 번에 지나지 않았다. 게다가 브리튼, 갈리아, 에스파냐, 독일 지방 등지에서는 로마가 아닌 별개의 갈리아인으로 생각하는 분리주의도 싹트기 시작했다. 결국 서로마는 제국 분리 후 100년도 채 안 된 476년, 황제 로물루스 아우구스툴루스가 게르만족 용병 대장 오도아케르에게 폐위되며 멸망한다.

그러나 서로마의 종교인 로마가톨릭은 지워지지 않았다. 아니 오히려 확장했다고 하는 편이 옳다. 여기에는 설득력 있는 이유가 여럿 있는데, 게르만족의 침입이 더욱 거세지고 서로마가 붕괴로 향하던 4~5세기에 향후 800여 년간 세계를 주도할 신학 사상이 만들어진 것이 첫 번째다. 그것은 '교부'라고 불리는 위대한 몇몇 기독교 사상가의 탁월한 업적이었다.

아울러 비슷한 시기 동안 교회는 조직화 되어 성직자의 명확한 계급 서열제를 갖출 정도가 된다. 교회 조직과 행정의 효율성은 교회가 로마 세계를 지배하는 데 이바지했고, 붕괴로 치닫던 서로마에서는 더욱 그랬다. 이미 330년 이후 로마 주교들은 주변의 동방 주교들과 달리, 권력 행사에 황제가 거의 끼어들지 않았기 때문에 훨씬 독립적으로 행동하고 있었다. 로마 주교의 수위권, 즉 교황권 아래에서 서로마 성직자들은 혼돈이 깊어가던 도시 정부의 많은 기능을 이어받았고 로마가 지배한 흔적을 보존했다. 이교도의 야만적인 군대가 침입했을 때 그들을 상대로 협상한 것은 대체로 서로마의 지방 성직자들이었다. 여기에 동방교회에서 시작된 금욕적 수도원운동이 서로마 지역에서도 확대되는데, 이들의 활약으로 5~10세기 서유럽과 북유럽에 기독교가 전파된 것 또한 로마가톨릭의 방패로 작용했다.

423년 성 파트리치오(세인트 패트릭)가 세잎클로버에 비유해 '삼위일체설'을 설명하며, 켈트 다신교를 믿고 있던 아일랜드에 처음으로 기독교를 전파한다. 그로부터 170여 년 뒤인 597년은 잉글랜드의 기독교 전파에 결정적인 해였다. 교황 그레고리우스 1세가 앵글로 잉글랜드의 개종을 위해 베네딕투스회 수도원의 수도사들을 파송했기 때문이다.

로마의 지배가 끝난 잉글랜드는 당시 400년 동안 이어질 앵글로색슨 7왕국 시대를 지나고 있었다. 그곳에 파송된 수도자 40명을 이끈 사람은 후에 켄터베리의 아우구스티누스(히포의 아우구스티누스와는 다른 사람)로 알려질 인물이었다. 켄트의 에델베르트 왕을 개종시킨 아우구스티누스와 수도사들의 노력으로 599년 성탄절 무렵에는 잉글랜드인 1만 명이 세례를 받고, 켄트의 수도였던 켄터베리는 잉글랜드 기독교의 중심지로 변모한다. 7세기 말에 이르면 잉글랜드 모든 지역은 로마가톨릭의 영역 안으로 들어왔다.

유럽 대륙에서는 클로비스 1세가 프랑크왕국의 메로베우스 왕조를 개창한 뒤 로마가톨릭으로 개종한다. 프랑크왕국의 범위는 현재 프랑스와 독일, 오스트리아, 스위스, 이탈리아 북부까지 확대될 예정이었다. 그의 후계자 카를로스 마르텔, 이후 카롤링거 왕조의 피핀과 카를로스 대제에 의해 기독교는 확장일로를 걷기 때문이다.

특히 카롤루스 치세는 로마가톨릭과 프랑크왕국, 베네딕투스 수도회 사이의 제휴가 더욱 공고해진 시기였다. 카롤루스는 군사 원정을 통해 프랑크인을 결속시켰고, 이탈리아의 롬바르드왕국, 작센을 포함한 독일 대부분, 중부 유럽 일부와 카탈루냐 등을 병합했다. 피정복민 대부분은 기독교인이었지만 작센의 경우는 그렇지 않았다. 카롤루스는 20년의 원정 활동 끝에 이교도 작센인을 굴복시킨 뒤 기독교 개종을 강요했는데, 이렇게 시작된 정복과 개종의 통합은 이후 천 년 동안 서유럽 기독교 사상의 특징을 이루었다. 심지어 교황 레오 3세는 800년 성탄절, 카롤루스 대제에게 서로마제국의 '기독교를 보호하는' 황제의 관을 수여했다.

한편 카롤링거 시대가 시작될 무렵, 유럽의 북해와 발트해 항구에서 스칸디나비아 상인들은 이미 익숙했다. 790년대부터 북유럽 해안 항구들을 공격하기 시작한 스칸디나비아 침략자, 일명 바이킹은 9세기 중반에 이르면 수천 명의 군대를 조직해 공격을 가하기 시작했다. 그들의 목표는 잉글랜드, 스코틀랜드, 아일랜드 및 북부 프랑스 등지를 정복해 독립적인 공국을 건설하는 것이었고 성공을 거두기도 했다. 중세 서유럽 봉건제도는 이들의 공격에 대한 대응에서 비롯했다고 설명하기도 한다.

스칸디나비아인들 또한 기독교로 개종시켜야 할 대상에서 예외가 아니었고, 이는 동프랑크 일부였던 함부르크-브레멘의 대주교 성 안스가르에 의해 시작되었다. 그는 820~830년대 초 스칸디나비아반도 선교를 통해 북유럽에 기독교를 전파했기 때문에 '북쪽의 사도'라고 불린다. 북유럽의 기독교 전파는 비교적 느린 속도로 진행되었지만, 10세기 말 급속히 퍼지면서 1,000년 무렵 북유럽 대부분은 기독교로 개종하기에 이른다.

그렇다면 이제 사과로 돌아가자. 지금까지 로마제국의 역사와 기독교가 유럽에 전파된 과정을 장황하게 서술한 것은 '이브의 사과'가 관련 있기 때문이다. 그것도 아주 깊은 관련이 있다. 기독교의 전파는 서유럽과 북유럽 사람들이 지니고 있던 사과의 상징적인 의미를 변화시켰다. 아니, 사과의 의미를 바꿈으로써 이 지역의 기독교 전파가 수월해졌다는 표현이 더 정확하다.

기독교가 유입되기 이전 고대 서유럽과 북유럽 사람들에게 사과는 '불멸'의 상징으로 성스러운 과일이었다. 그리스 신화 속 사과는 불화의 여신 에리스와 트로이아 전쟁으로 유명하지만, 북유럽과 켈트 신화에서 사과는 신들에게 영원한 청춘을 안겨주는 열매, 즉 불로불사의 상징이었다.

　북유럽 신화에서는 신들도 인간처럼 죽으며, 이는 그리스 로마 신화의 신들과 가장 큰 차이점이다. 아스가르드의 신들은 매일 아침 청춘의 여신 이둔이, 자신이 관리하는 정원의 사과나무에서 따서 가져다주는 황금 사과를 먹어야 청춘을 누리며 불멸의 생을 살 수 있다. 이둔이 거인 티아지에게 납치당해 사라졌을 때 신들은 날마다 먹던 사과를 먹지 못하면서 곧 노쇠하기 시작한다. 허리가 굽고 피부도 쪼글쪼글해지며 머리카락이 센 데다 기력도 하루가 다르게 약해지는 신들이라니. 이것이 토르를 비롯한 신들이 이둔을 되찾아오는 데 필사적일 수밖에 없던 이유다.

　켈트 신화도 마찬가지였다. 여러 갈래로 전승되는 켈트 신화에서 공통으로 보이는 중요한 특징 중 하나가 서쪽 어딘가에 있는 낙원의 존재를 믿는 것으로, 그 대표적인 지역이 아발론(사과의 섬으로, 웨일스어로 사과와 과일을 뜻하는 아팔에서 유래함)이다. 아발론은 황금 사과가 열리는 나무가 자라고 온갖 음식이 저절로 만들어지는 낙원이다. 그곳에 사는 사람은 죽지 않고 영원한 젊음과 건강을 누리지만 떠나면 저절로 나이를 먹어 노인이 된다고 한다. 아발론은 그 유명한 아서왕의 전설과도 관련이 있다. 켈트족 브리튼인의 전설적인 군주인 그는 5세기 말부터 6세기 초 색슨족 게르만인의 브리튼 침략을 막아냈다고 전해지는데, 아발론은 그가 부상을 치료받기 위해 떠났다는 이상향이자 낙원이다.

고대 서유럽과 북유럽 사람들은 이처럼 사과를 성스러운 과일로 여겨온 신화에 의해 심성이 형성되었다. 로마가톨릭은 이들의 종교적 심성을 탈바꿈시켜야 했고, 이를 위해 이교도들이 로마가톨릭에 친근하게 접근할 수 있도록 여러 방법을 고안하기에 이른다. 물론 이것은 유럽의 이교도에 대한 개종뿐 아니라 로마제국 내 기독교의 확립과 전파 과정에서 이미 나타난 현상이었다.

예컨대 다양한 성인을 제정하고 숭배를 허락함으로써 그동안 다신교를 믿던 이들이 일신교에 대한 거부감을 약화한 것이 대표적이다. 또 눈으로 직접 볼 수 있는 성화나 성물 숭배 등을 동원해 개종을 수월하게 한 것도 같은 맥락에서였다. 이 때문에 동로마가 서로마의 성상 숭배를 우상으로 간주하고 금지령을 내리며 파괴했고, 이 일로 1054년 로마 교회가 서로마의 로마가톨릭과 동로마의 동방정교회로 완전하게 분리된 것은 세계사에서 유명한 장면이다.

더불어 이교도들이 가지고 있던 신앙을 약화하기 위한 다양한 기제들도 병행되었다. 대표적인 예로 4세기 초 당시 기독교의 강력한 경쟁 상대인 미트라교에 대항하기 위해, 혹은 로마제국에서 시행되던 나탈리스 인빅티(무적의 존재인 태양의 탄생) 축제를 약화하기 위해 성탄절이 12월 25일로 제정된 사실을 들 수 있다. 실제로는 그 시기가 아닐 가능성이 매우 컸다.

미트라의 탄생일이었든, 만물 소생의 시작을 알리는 동지에 가까운 날이었든, 12월 25일은 당시 로마인에게는 매우 떠들썩하고 중요한 축제였음이 틀림없다. 교회에도 12월 축제가 필요하다는 의견이 제기될 정도였으니. 이교도를 개종시키려면 지금까지 벌였던 이교도 행사를 대신하는 것이 있어야 했으므로. 결국 콘스탄티누스 황제 시대에 성탄절 날짜가 정해졌고 337년 공식적인 축하가 시작되었다. 예수의 탄생일은 이전 축제에 비하면 '성스럽고 경건한' 행사였다. 예수에게 미사(마스)를 올리는 축제, 크라이스트 마스(크리스마스)는 점차 이교도의 축제를 대신하며 그들의 신앙을 약화했다.

 로마에서 추앙받던 미트라 또는 태양신 탄생 기념일에 기독교적 문화가 덧입히는 것을 보면 서유럽과 북유럽에서 이교도들에게 '성스러웠던' 사과가 '악한' 과일로 변화되는 과정을 상상해볼 수 있다. 물론 성탄절 제정과 그로 인한 변화 같은 결정적인 한 장면을 찾기는 힘들다. 사람들의 사고와 심성이 바뀌는 과정을 제도의 시행처럼 어떻게 한순간으로 집어낼 수 있겠는가. 다만 '로마가톨릭의 경전 정리와 정립 과정'이라는 기록된 역사가 사과의 상징성 변화에 힘을 더했다는 설명이, 보이지 않는 과정에 대한 합리적 추론을 가능하게 해준다. 이는 다행이라고 할까.

언어유희로 맺어진 '악'과 '사과'

    기독교의 경전인 《성경》은 기원전 15세기경부터 작성했다고 추정된다. 지중해 동쪽 해안 지역을 중심으로 거의 1만 킬로미터를 포괄하는 10개 나라에서 약 20가지 직업에 종사한 40명의 기자가 기록했다. 히브리어, 헬라(그리스)어 및 아람어로 쓰인 66권 1,189장에는 2,930명의 등장인물, 1,551개의 지명이 나온다. 모세가 기원전 1500년경에 〈모세오경〉을 기록했고, 사도 요한이 〈요한계시록〉을 쓴 것이 기원후 100년경이므로 장장 1,600여 년에 걸친 기록이다. 기독교가 로마제국의 광대함을 타고 전파되어 서구인들의 생활 깊숙이 파고듦에 따라 성경 또한 라틴어로, 근대 이후에는 각국 언어로 번역되어 전파되었고, 마침내 서구 문화권에서 가장 널리 퍼지며 막대한 영향을 끼친 텍스트가 되었다.

히브리어에서 그리스어 번역을 거친 성경은 4세기에 이르러 위대한 교부 중 한 사람인 히에로니무스의 주도 아래 라틴어로 번역이 집대성되었다. 로마가톨릭에서 정경(正經)으로 삼던 불가타 성경(불가타는 '백성의 언어' 또는 '대중적인 판'이라는 뜻)이다. 이 성경이 탄생하기 전 성경들은 그리스어와 라틴어 등 여러 언어로 교회들 사이에 유포되고 있었다. 라틴어 사본만 해도 여러 종류였고, 번역의 문체와 질도 각양각색이었으며, 필사될 때 텍스트가 변형되기도 했다.

당시 교황 다마수스 1세는 라틴어를 가톨릭 중심 전례의 언어로 삼았는데, 이에 통일성 있는 공용 성경 본문이 필요했다. 그래서 382년 그의 비서이자 언어학자인 히에로니무스에게 마태, 마가, 누가, 요한 등 4복음서의 옛 라틴어 번역판을 개정하도록 했다. 히에로니무스는 2년 동안 성심껏 일했고, 다마수스가 사망한 뒤에는 베들레헴으로 이주해 성경 전체를 그 프로젝트에 포함시켰다. 히에로니무스는 《70인역 성서》(구약을 그리스어로 옮긴 번역판)를 활용하기는 했지만, 그리스어가 아닌 히브리어에서 직접 번역했고, 유대인 랍비들과 토론을 벌이면서 구약 39권까지 번역을 모두 완수한다.

불가타 성경에서 문제의 나무는 히브리어와 마찬가지로 '선과 악을 구별하는 지혜의 나무'라는 뜻으로 번역되었다. 그리고 문제의 그 열매에 대해 히브리 성경에서는 사과를 비롯해 무화과,

석류, 포도, 밀 등 모든 열매와 그 즙까지 포괄하는 페리(peri)라는 단어를 썼다. 이를 번역하는 역사적 장면 속에서 히에로니무스는 이를 사과처럼 과육 속에 씨를 품은 과일을 통칭하는 라틴어 '말룸(malum)'으로 번역한다. 그런데 형태는 같지만 장모음 a를 단모음으로 발음하는 'malum'은 라틴어에서 '악'을 의미했다. 형용사형인 'malus'는 '악하다', '나쁘다'라는 뜻으로, 현재 프랑스어와 에스파냐어에 '악', '나쁘다'라는 뜻의 'mal'로 남아 있다. 히에로니무스는 라틴어에서 '악'이라는 단어가 '사과(나무)'라는 단어의 표기나 발음이 유사하다는 점에서 영감을 얻었고, 다의어와 동음이의어를 활용한 언어유희를 구사한 그에 의해 '악'과 동일한 '사과'가 선택된 것이다.

406년까지 번역된 불가타 성경은 참조용으로 쓰이다가 13세기 이후 로마 가톨릭교회의 표준 성경이 되었다. 1546년 트리엔트 공의회에서는 불가타판 번역이 진정한 라틴어 성경 텍스트임을 재확인했다. 라틴어가 더는 일상어로 사용되지 않고 있었음에도 말이다. 로마 가톨릭교회가 1979년에서야 개정된 《새 불가타 성경》을 사용했으니 무려 1,500년도 넘게 사용된 셈이다. 이는 결국 불가타 성경이 로마 교회의 공식 번역판으로서 중세는 물론 그 후로도 오랫동안 유럽의 예술과 문화, 교회사에 상당한 영향을 미쳤음을 의미한다.

삶이라고 달랐겠는가. 기독교 전파 이후 1648년 베스트팔렌조약 체결까지 유럽 사람들에게 로마 가톨릭교회의 권위는 교회의 허락 없이는 태어나거나 죽을 수도 없다고 표현될 정도였다. 물론 때에 따라 부침은 있었지만 중세 말기로 갈수록 더욱 그랬다. 교회 마당은 공동체 만남의 장소이자 시장이었고, 건물은 외적이 공격해 올 때 피난처이자 마을 일을 처리하기 위한 집회 장소였다. 교회의 축일은 한 해의 변화를 나타냈으며, 종소리는 하루의 시각을 표시했다. 그렇게 교회가 지역 사회의 핵심으로 자리 잡았다.

그런 상황 속에서 기독교가 유럽인의 일상에 미친 영향을 고려해볼 때 '악한 과일로서의 사과'라는 이미지는 그들의 심성에 뿌리 깊게 파고들었을 가능성이 매우 크다. 한 신학자의 언어유희에서 시작된 '악'과 '사과'의 동일시와 그것이 포함된 텍스트의 광대한 전파는 유럽에서 더는 사과를 신성하고 성스러운 불멸의 과일로 여길 수 없게 만들었을 것이다. 게다가 유럽 기독교 역사에서 중세는 특히 인류의 원죄를 강조하던 시대였다. '죄'라는 말은 그리스어로 하마르티아(hamartia), 즉 '과녁을 맞히지 못함'을 뜻한다. 신의 선하신 뜻과 목적에서 빗나간 삶은 모든 죄의 근원이라는 뜻이다. 그러므로 원죄가 되는 사건을 저지른, 즉 사과를 처음 먹고 아담을 유혹해 그도 먹게 해버린 이브를 향한 유럽인의 시각이 어땠을지 상상할 수 있지 않겠는가.

《실낙원》의 사과, 그리고 이브

1667년 영국의 독실한 청교도인 존 밀턴은 선악과 내러티브를 모티브로 《실낙원》이라는 대서사시를 출간했다. 런던에서 흑사병에 이어 대화재가 발생해 고향으로 내려간 아이작 뉴턴이 또 다른 역사적 사과를 탄생시킨 이듬해였다.

철저한 공화주의자인 밀턴은 올리버 크롬웰의 공화정에서 라틴어 서기관으로 다년간 충성했다. 그 때문에 1660년 왕정복고 후 죽임을 당할 뻔했으나 친구들의 중재로 목숨은 건진다. 하지만 그 후 생활고와 실명에까지 이르는 병고에 시달리며 은둔생활을 해야만 했다. 극도의 절망적인 현실 속에서도 신념을 버리지 않은 그는 《실낙원》을 통해 자신의 사명이라 여긴, 국민문학 전통을 계승하면서 기독교 정신에 근거를 둔 서사시를 쓰는 사명을 완수했고, 이 작품은 이후 불후의 명작으로 남는다.

성경에서 단지 몇 페이지에 걸쳐 전개되는 내용에 그의 신학적 지식과 상상력이 덧붙여졌다. 천지창조에서부터 천사들의 타락, 사탄의 계략과 인간 창조를 거쳐, 인간의 타락과 회개, 낙원에서 추방, 예수그리스도의 대속과 교회의 탄생까지 이어지는 종교 대서사시가 된 것이다. 선악과 내러티브가 중심적인 줄거리로 작품을 이끄는데, 독자들은 《실낙원》을 읽으며 피조물인 인간에게 타락과 그로 인한 저주는 무엇이고 이를 바라보는 신의 자비와 사랑은 어떤 것인지 밀턴과 함께 찾아 나선다.

여기에서 문제의 나무는 '선악의 지혜의 나무'로 불린다. 밀턴에 의하면 이 나무 열매를 먹는 사람은 선의 지혜를 얻는 혜택을 누리지만, 그와 함께 악의 지혜 또한 얻는다. 결과적으로 악의 지혜를 대가로 선의 지혜를 사는 셈이어서 '우리의 죽음인 지식의 나무'라고도 표현된다. 그리고 '선악의 지혜의 나무 열매'는 정확하게 '사과(apple)'로 명명되었다. 그것도 두 번이나.

선악과로서의 사과를 다시금 고착시킨 밀턴은 사과를 먹은 이브 또한 구체적이고 극적으로 묘사했다. 때문에 그 자신이 의도한 것은 아니었을지라도 여성에 대한 시각과 관련된 논쟁에 휘말리곤 했으며, 이는 현재까지도 이어진다. 근래 《실낙원》에 대한 비평의 방향은 이브에 대한 다양한 해석으로 향한다. 특히 사과를 먹은 타락의 주체로서 인류를 파멸로 이끈 장본인뿐만 아니라 타락으로 인한 모든 분열의 회복을 주도하는 중심인물 역할을 부여하기도 한다. 죄를 짓기 전 독립적인 이브와 이브와의 떨어짐을 불안해하는 아담을 통해 새로운 해석의 실마리를 제시하면서.

그리고 타락한 후 끝까지 원망하고 절망에 빠져, 이브에게 "내 앞에서 사라져라, 너 뱀! …… 너 아니면 나는 행복했을 것이다."라며, 이전의 죽기를 각오할 정도로 사랑했던 모습이 무색하리만큼 매몰차게 탓하는 아담과 달리, 자기 잘못이라며 아담 앞에 무릎을 꿇고 모든 벌이 자신에게만 내려지기를 바라면서 눈물 흘리며 진심으로 회개하는 이브. 그로 인해 다시금 바로 서는 아담의 결말 속에서 밀턴은 아담과 이브가 우열 관계가 아니라 서로 상호보완적인 관계임을 보여주고 있다는 결론에 도달하곤 한다.

하지만 《실낙원》이 세상에 나온 17세기 후반부터 심지어 20세기인 1970년대까지도 밀턴은 부정적인 여성상을 가진 인물, 더 나아가 여성 혐오주의자라는 평까지 받아왔다. 그리스 신화의 판도라급 호기심과 높아지고 싶다는 교만, 허영심으로 인해 사과를 먹어 죄를 짓고, 그것을 아담에게도 주며 유혹한, 남성을 타락으로 이끄는 열등한 여성, 이브. 그러나 밀턴이 표현했다고 간주한 이 같은 이브에 대한 평가는 시대적 배경을 고려할 때 당연했다. 그리고 '여성이 남성보다 열등하다'라는 사고는 밀턴 시대에 독자적으로 생성된 것이 아니었다. 그 시대까지 내려오던, 어쩌면 현재까지 그럴 수 있는, 유럽 혹은 전 세계에 걸친 여성을 향한 시각이었다.

이브의 딸들

기독교적 시각 속에서 여성의 열등은 3~4세기 로마 시대까지 소급된다. 이 당시 제국의 박해가 끝나자 모든 종교가 그렇듯 가톨릭도 세속화의 길로 들어섰다. 이에 대한 반동으로 평신도 중에서 사막과 숲으로 도망치는 이들이 나오기 시작한다. 이들은 황제의 종교에 참여하기 위해 몰려든 교회에서 남녀가 영위하려던 안락한 삶과는 동떨어진 금욕을 시행했고, 극단적인 금욕주의가 순교를 대신할 수 있다고 믿었다. 로마제국의 동쪽에서 시작된 이 같은 흐름을 '수도원운동'이라고 한다. 수도원운동은 6세기 누르시아의 성 베네딕투스가 라틴 수도 계율을 작성하면서 서유럽에서도 급속하게 퍼져나간다. 특히 베네딕투스회 수도사들은 유럽의 기독교 전파에 상당히 이바지했다.

그런데 수도원운동의 결과 여성의 지위에 큰 변화가 생긴 것이 문제였다. 사실 초대 교회에서 여성은 상당히 중요한 역할을 했는데, 사도 바울은 선교 여행 때 유력한 여성들의 지원에 의존하기도 했다. 상층계급 여성은 기독교 전파에 중요한 후원자가 되었으며, 수많은 여성 순교자도 나왔다. 여성의 역할이 초대 교회에서 논란을 불러일으켰던 것은 맞지만, 다양한 의견이 제시된 것으로 보아 초대 교회는 획일적인 가부장제 지지와는 거리가 멀었음을 알 수 있다.

수도원운동은 이런 흐름을 바꾸어놓는다. 수도사의 금욕주의는 여성과 접촉을 철저히 피하게 했고, 이것이 사막과 숲으로 간 그들의 주요한 이유였다. 더 나아가 로마가톨릭 사제와 주교들도 결혼하지 말아야 하며, 이미 결혼했다 하더라도 금욕생활을 해야 한다는 사상이 나타나기 시작한다. 기독교도뿐 아니라 비기독교도 사이에서도 금욕주의가 성스러움과 동일시되면서 성직자들에게 독신생활을 요구하는 움직임이 일기 시작한 것이다.

결혼에 대한 거부와 은둔생활의 찬양은 몸과 국가에 대한 로마의 관점으로부터 유럽인을 멀어지게 하는 결정적인 계기가 되었다. 전통적으로 로마인은 시민의 몸을 국가에 봉사하기 위한 것으로 간주했다. 남성은 병사이자 아버지로서, 여성은 어머니이자 아내로서 역할이 중요했다. 그러나 이제 몸은 신의 것이었고, 신을 온전히 섬긴다는 것은 자녀를 낳아 국가에 봉사하는 것과 동일한 것이 아니라는 주장이 제기되었다.

이런 시각에서 여성의 출산 역할은 더는 중요한 것이 아니었다. 여성에게 오직 남성을 유혹하는 육체적 존재로서의 특징만 남으면서, 유혹 자체인 여성의 육체는 금기시되고 억압된다. 여성의 신체 자체가 외부로 드러나면 안 되는 악이 된 것이다. 이와 함께 여성이 천성적으로 남성보다 음란하기에 남성을 타락시킬 수 있다는 폄하가 만연하면서 남성의 여성에 대한 태도는 터무니없이 부정적인 영향을 받고 만다.

이 같은 여성 혐오적 사고는 신학자들에 의해 체계화되었다. 한 예로 히포의 아우구스티누스는 이분법적 사고를 이용해 남성을 정신의 단계로, 여성을 육체의 단계로 배치한 뒤 정신이 육체를 지배하는 것을 자연적인 질서로 보았다. '신체적·이성적으로 열등한 여성은 남성의 교화에 따라 이성적인 존재로 거듭나야 하는 대상'이라는 사고는 중세 내내 이어졌다.

중세의 전성기 격이라 할 11~14세기 초, 라틴어에 더해 속어라 불리는 각국 언어들이 문학 표현의 수단으로 사용되면서 서사시 형태의 '속어 문학'이 등장한다. 주로 영웅적 전투, 명예, 충성심 등의 주제를 다룬 속어 문학의 내용에서 여성이 배제된 것은 당연했다. 간혹 여성이 등장하기는 했지만 대개 남성에게 종속된 존재였다. 프랑스의 한 서사시에서 왕비가 남편에게 고집을 부리다가 주먹으로 코를 얻어맞는데, 코피를 흘리면서도 "매우 감사합니다. 당신이 좋으시다면 다시 때리셔도 좋습니다."라고 말한다.

잔 다르크는 잉글랜드와 프랑스가 1337년부터 1453년까지 5대

116년 동안 싸운 백년전쟁의 막바지에 오를레앙 재탈환으로 샤를 7세를 즉위시키고 결국 프랑스를 승리로 이끈 영웅이었다. 그러나 15세기 당시 학식 있는 남성 신학자들은 신의 음성을 들었다고 주장하며 남자 옷을 입고 전장에서 귀족을 지휘한 농민 여성을 인정할 수 없었다. 그녀는 우상 숭배와 여성에게 적합한 옷을 입으려 하지 않고 이교도의 관습을 따르려 했다는 혐의로 이단으로 정죄 받아 화형에 처해졌다.

16~17세기 근대 서유럽을 강타한 종교개혁의 주연인 프로테스탄트 진영은 로마가톨릭의 수도원 제도와 성직자 독신주의에 맹공을 퍼부었다. 이들은 가정을 '경건의 학교'라고 새롭게 강조하면서, 결혼을 권장하고, 상공업과 수공업자 아버지에게 가정 내 막강한 권력을 부여했다. 여기에 맞춰 새롭게 이상적인 이브상도 도입하는데, 순종적인 프로테스탄트 양처(良妻)가 그것이다. 1527년 한 루터파 제후는 "자녀를 낳는 사람은 노래하고 기도하는 수도사와 수녀 이상으로 신을 기쁘시게 한다."라며 이에 호응했다. 독신의 수녀만이 경건한 여성의 표상으로 여겨진 시대의 종결이었다.

그러나 이를 통해 프로테스탄트가 여성의 영적 잠재력을 높이 평가했다고 판단하는 것은 오산이다. 오히려 반대였다. 마르틴 루터는 '95개 조 반박문'을 통해 독일 종교개혁을 일으킨 역사적인 인물이지만, 중세의 신학자들과 마찬가지로 여성은 남성보다 성적으로 더 충동적이며 성욕을 억제하는 능력이 부족하다고 보았다. 그렇기에 여성을 통제하고 죄를 미리 방지하려면 '모든' 여성이 '되도록 어린 나이'에 결혼해 '경건한' 남편의 관리하에 들어가는 것이 바람직하다고 간주했다. 이런 사고방식이 남성 가장의 권력을 의미하는 가정의 울타리 밖에 있는 이브를 소외시키고 철저하게 억압하는 현상을 정당화한 것은 당연한 일일 수 있다. '마녀사냥'이라고 불리는, 서구에서 일어난 일련의 광기 어린 사건들이 그렇듯이.

1484년 제위에 오른 교황 인노켄티우스 8세가 교황청 종교재판관에게 수단과 방법을 가리지 말고 마녀를 찾아내어 제거하라고 명령한 이후 북아메리카 매사추세츠 세일럼에서 마녀재판이 벌어진 1692년까지 근대 초기 유럽은 마녀사냥 열풍에 휩싸였다. 특히 1580~1660년 전 유럽에 걸쳐 로마가톨릭 국가만이 아닌 프로테스탄트 개혁가들조차 마녀를 잡아 죽이려는 열정을 광적인 수준으로 펼쳤다. 그것은 밀턴이 《실낙원》을 펴낸 바로 직전까지였다.

수만 명의 희생자가 발생했는데, 그중 적어도 4분의 3은 여성이었다. 마녀가 소유한 재산은 몰수되어 영주와 주교, 이단 심문관 등에게 분배되었기 때문에, 경제적으로 부유한 과부가 대상이 되는 경우가 많았다. 이에 더해 남성 의사 또는 성직자와 경쟁 관계에 있던 산파, 그리고 민간요법에 능한 여성 등이 마녀로 지목된 뒤 '사냥'당했다.

'사과'를 먹음으로써 인간에게 최초의 죄를 가지고 왔으며 남성을 유혹해 같은 죄를 짓게 한 육체적 여성이, 우월한 정신적 남성에게 종속되는 것이야말로 유럽의 남성 기독교 신학자들과 남성 기독교인들이 보기에 바람직한 형태의 질서였다. 그랬기에 그와 같은 열등 프레임에 가둘 수 없었던 이브의 딸들은 마녀로 몰렸고, 17세기 소빙하기를 맞아 전 세계적으로 불어닥친 혼돈 속에서 불만 분출의 희생양이 되어 끔찍한 고문을 받은 뒤 불태워진 것이다.

밀턴은 당시 수많은 아담의 아들들처럼 실제 여성 혐오적 사고로 작품을 전개했을지 모른다. 아니면 죄를 들여온 존재로서만이 아닌, 문제 해결의 중심적 인물로서 이브를 《실낙원》 속에서 찾아내는, 그런 남성과 여성이 나타날 시대를 바랐을 수도 있다. 역사는 결국 그가 속한 시대를 바라보는 다른 시대의 시선으로 평가되는 것이 아니겠는가. '사과가 아닐 수도 있었다'라는 사고 또한 현대 정신의 산물일 테니. 문제의 과일이 '이브'의 '사과'가 아니었다면 세상은 지금까지와는 다른 방식으로 흘러갔을까? 이브의 딸 중 한 명으로서 어쩌지 못하는 호기심이 인다. 이것이 더는 죄가 되는 시대가 아니기를 바라면서.

2장

영원에서
지상으로

신화

●

신화에서 제국으로, 르네상스와
종교개혁으로 이어진 열매

/

신화일지라도 수 세기에 걸쳐 입으로 전해지고, 기록으로 남고, 문화로 이어 오면서 '역사'로 새겨진다. 영원의 세계에서 인간의 역사로 들어오는 순간에도 사과는 등장한다. '파리스의 사과'는 영원에서 지상으로 다시 영원으로 이어지면서, 멸망이 사라짐으로만 끝나지 않는다는, 남은 자들에 의해 역사는 계속 이어진다는 생명의 순환을 품고 있다.

그리스 로마 신화와 불핀치

 고대 그리스와 로마의 신은 더는 종교의 대상이 아니다. 그들에 관한 이야기를 열광적으로 추종하는 이들이 여전히 있지만, 신앙이 아닌 문학이나 취미의 영역에서다.

 현재 우리나라도 마찬가지인데, 여기에는 '그리스 로마 신화'라는 20세기 초 일본이 만들고 우리나라가 수입한 '용어'의 개념화가 한몫했다. 거기에 토머스 불핀치의 작품이 더해졌다. 《불핀치의 신화》는 그가 제시했던 대로 19세기 당시 고전어를 교육받지 못한 미국 대중에게 영문학 이해에 필수적인 고전 신화의 요소를 소개하는 책이었다. '고전의 민주화'를 꾀했던 일종의 안내서는 수많은 번역본의 광고 문구로 1970년대 이후 우리나라에서 고전으로 승인받았고 원전의 자리를 차지하며 수용이 완료된다. 더 나아가 서양에 관한 '필수 교양'으로 자리 잡은 그리스 로마 신화 위치의 절대성은 현재까지도 유효한 듯 보인다.

  고대 그리스어나 라틴어 직역은커녕 서양어조차 일본어로 번역, 중역되었던 1970년대 우리나라 상황은 당연하게도 원래 신화와 차이를 발생시켰다. 그리스 로마 신화가 우리나라 자체의 상황, 즉 한국사가 반영된 채 수용되고 그 과정에서 완성되었기 때문이다. 그 시대의 작품과 원전 자체가 직접 번역된 21세기 것들이 상당히 다른 결을 지니는 것은 놀라운 일이 아니리라.

  이와 마찬가지로 신화가 처음 형성된 고대 그리스 로마 사회도 자체적인 많은 부침을 신화 속에 녹여냈다. 즉 신화일지라도 수 세기에 걸쳐 입으로 전해지고 기록으로 남고 연극으로 공연되면서 변용, 확립되는 과정에 그리스와 로마의 '역사'가 새겨진 것이다. 그리고 올림포스산이라는 영원의 세계에서 그리스, 로마라는 지상 인간의 역사로 들어오는 장면에도 역시 사과는 등장한다. '파리스의 사과'가 그것이다.

신화,
깨어나다

현대도 그렇지만, 고대 그리스인은 신화를 자신의 영웅적 과거와 연관 지으며 매우 소중하게 생각했다. 영웅들이 신들과 어울리고 강력한 왕국이 영광을 위해 싸우곤 했던 시절, 그리스 고전기 위대한 서사시인 헤시오도스의 시대 구분에 따르면 '반신(半神)족이 살던 시절'의 '역사'였다.

하지만 오랫동안 학자들은 이를 전설로만 대할 뿐 신빙성 있게 보지 않았다. 미노스와 파시파에, 미노타우로스, 그리고 테세우스, 트로이아 전쟁과 오디세우스의 모험 등은 모두 상상력의 산물로 역사적 근거가 없다고 여겼기 때문이다. 그리하여 그리스 '실제' 역사의 시작은 기원전 776년 최초의 올림픽이 열렸다고 '기록'된 그해까지만 소급될 뿐이었다.

그러나 오늘날 에게 문명이라 불리는 청동기시대 그리스는 지중해 세계에서 상당히 중요했으며 고전 그리스 문화의 기반이었음이 확실시되고 있다. 아서 에번스 경은 20세기 초반 그리스의 가장 큰 섬 크레타의 크노소스에서 기원전 1600년경의 거대한 궁전을 찾아낸 고고학자다. 발굴되자마자 '라비린토스(미궁) 내러티브'가 떠오른 궁전이었다. 그에게 '유적 건설자'라는 별명을 붙일 만큼 쓴웃음을 짓게 할 유적이 되기는 했지만, 미노스 왕의 이름을 따 미노아(크레타)라고 명명된 이 문명의 장엄함은 퇴색되지 않았다. 미노아 문명은 에게해의 주도권을 잡고 500여 년 동안 전성기를 누렸다. 그러다 기원전 1500년경 미노스 궁전이 파괴되는 등 점차 멸망으로 치달았는데, 결정적인 원인은 지진 및 테라섬의 화산 폭발 등 짐작만 가능하다.

이보다 더 극적인 사건은 1870년 아마추어 고고학자 하인리히 슐리만이 아나톨리아 서북 해안 부근에서 트로이아 유적지를 찾아낸 것이었다. 물론 히사를리크 언덕을 발굴한 실질적인 공로자는 영국인 프랭크 캘버트였지만, 슐리만은 이어 그리스 본토에서 수많은 요새(전설적인 왕 아가멤논의 고향이 포함된)도 발견하며 '신화를 역사로 끌어올린 인물'이 되었다. 여기에 1950년대 선문자 B의 해독이 더해져 고대 그리스어 방언이라는 사실이 확인되면서, 그동안 발굴된 인상 깊은 유적지들이 고전기 그리스와 관련 있다는 사실이 확증된다.

기원전 1800~1700년 미노아 문명은 아카이아인에 의해 그리스 본토로 유입된다. 이들은 도시를 세우고 높은 지역을 요새화했는데, 이는 그리스의 상징 '아크로폴리스'로 이어질 터였다. 이집트의 약세와 히타이트의 쇠락을 틈타 성장해 1500~1400년대 소아시아에서 여러 식민지를 보유할 정도의 전성기를 누렸다. 미케나이(미케네) 문명으로 불린 이들에게 불어닥친, 100년 뒤 쇠락의 원인은 전쟁일 가능성이 크다. 1300년 말 이집트의 공격이 그렇고, 기원전 1200년 무렵 트로이아 포위 공격으로 알려진 트로이아 전쟁도 마찬가지 역할을 했다.

미케나이는 점차 암흑시대로 돌입하는데, 이와 함께 히타이트, 아시리아, 심지어 이집트까지 서아시아 세계는 '바다 민족'의 침공이라는, 단지 이집트의 기록으로만 알려진 파괴적인 이유로 멸망 또는 쇠퇴기에 들어선다. 그동안 다듬어진 청동기 지중해 세계는 사라졌고 이후 수백 년 동안 거대 제국은 등장하지 못했다. 기원전 8세기 그리스와 결국 페르시아제국으로 이어질 페니키아, 헤브라이, 아시리아 등 철기시대가 펼쳐지기 전까지.

카오스와 가이아, 에로스라는 근원적인 힘에서 시작해 우주 최초 지배자인 우라노스에서 신들의 계보를 출발시키는 그리스 신화는 그리스와 트로이아 간 전쟁과 결과에서 절정을 이룬다. 그 치열한 장면들을 위해 신화 속 신과 영웅들은 준비되었으며, 이는 역사에 실제 그 흔적을 남겼다. 슐리만이 살려낸 '트로이아 전쟁'은 그야말로 신화가 역사와 만나는 장면이었다.

헤리페리데스와 아탈란테

사과는 그리스 신화 곳곳에 등장한다. 신화 속 신과 영웅들의 거대함에 비하면, 잠깐씩 등장하는 사과는 사실 소품에 불과해 보인다. 하지만 그 사소한 사과로 인해 위대한 신과 영웅들의 세계 전체가 들썩이곤 했다.

먼저 '헤리페리데스들의 사과'를 보자. 헤시오도스가 《신들의 계보(신통기)》에서 노래하듯 복사뼈가 예쁜 알크메네는 제우스와 사이에서 용맹한 아들 헤라클레스를 낳았다. 헤라클레스에게 부여된 유명한 열두 과제 중 11번째가 황금 사과를 헤리페리데스의 동산에서 가지고 오는 것이었다.

헤라의 과수원인 이 동산은 세상의 끝자락 서쪽 멀리 오케아노스 강 가까이 아틀라스 산기슭에 있었고, 아주 아름다웠다. 날씨는 늘 포근하고 과일이 풍성하게 열린다. 여기에는 이야기 전개상 매우 귀중해야만 하는 황금 사과나무 한 그루 또는 숲이 있는데, 우리에게도 제법 익숙해진 서사 구조 그대로였다. 신들의 여왕 헤라는 제우스와의 결혼선물로 대지의 여신 가이아로부터 황금 사과를 받았고, 이에 감탄해 정원에 심게 한 것이기 때문이다. 혹은 가이아에게서 받은 가지에서 맺은 열매라고도 한다.

황금 사과는 '서쪽' 또는 '저녁'의 요정이라는 뜻의 헤리페리데스들, 즉 아이글레(광채)와 에루테이아(붉은색), 헤스페라레투사(저녁놀이 붉게 타는 빛. 헤르세리아, 아레투사로 나뉘기도 한다)가 지키고 있었다. '헤리페리데스들의 사과'라고 불리는 이유다. 그런데 아틀라스의 딸들(플레이아데스들이라 부르는 일곱 딸)이 가끔 훔치자(혹은 나무들이 갑자기 뽑혔다고도 한다) 머리가 100개면서 서로 다른 말을 할 수 있는 불사의 용(혹은 큰 뱀) 라돈도 이를 지킨다. 그 옆에는 아틀라스가 대지의 경계에 서서 넓은 하늘을 떠받치고 있었다.

헤라클레스는 전쟁의 신 아레스의 아들 키크노스와 대결하고, 네레우스로부터 프로메테우스에게 가라는 말을 듣는다(정원의 위치를 들었다고도 한다). 아시아, 아라비아 곳곳에서의 모험 끝에 카우카소스산 바위에 매달린 프로메테우스를 만나 간을 쪼아 먹던 독수리를 활로 쏘아 죽여, 그가 인간에게 불을 전해준 대가로 당하고 있던 고통에서 벗어나게 했다.

그는 헤라클레스에게 조언해주었는데, 이를 따른 헤라클레스는 아틀라스 대신 하늘을 떠메고 있겠다고 했고, 아틀라스는 3

개의 사과를 얻는 데 성공한다. 물론 고대 그리스의 3대 비극 시인 중 한 명인 소포클레스나 에우리피데스의 작품에서는 헤라클레스가 그 명성대로 직접 라돈을 죽인 후 사과를 딴 것으로 나온다. 헤라클레스는 하늘을 다시 매기 싫어한 아틀라스로부터 우여곡절 끝에 사과를 받아내어 마침내 과제를 완수할 수 있었다. 이후 황금 사과는 지혜의 여신 아테나가 받아 원래 있던 곳에 가져다 놓았다. 과제의 성공을 기념해 제우스가 라돈을 밤하늘의 별(용의 자리)로 만들어주었다는 별자리 이야기도 함께 전해진다.

또 하나의 사과는 어떨까? 미와 사랑의 여신 아프로디테와 관련된 '아탈란테의 사과'가 그것이다. 아들이 아니어서 버려진 아탈란테는 암곰의 젖을 먹으며 살아남아 사냥꾼 사이에서 자란다. 그녀는 영웅들과 함께 칼리돈의 멧돼지 사냥에 나서고, 씨름 경기에서 펠레우스에게 승리할 정도의 전사로 성장했다. 부모를 만난 뒤 결혼을 종용받은 그녀는 달리기 경주에서 자신보다 앞서 출발하되 뒤따라 완전 무장한 채 출발하는 자신에게 따라잡히지 않는 구혼자와 결혼하겠다고 한다. 그렇지 못한 구혼자는 죽임을 당했다. 수많은 구혼자가 죽었을 때 그녀에게 반한 멜라니온이 참가했다. 그녀를 사랑하게 만든 아프로디테에게 간청해 황금 사과들을 받아온 상태였다. 추격당한 그는 황금 사과들을 땅에 던졌고 아탈란테는 그것들을 줍느라 경주에서 진다. 둘은 결국 결혼에 성공한다. 이 사과는 키프로스 섬 타마소스 들판의 아프로디테 성역에서 왔다고도 하고, 헤리페리데스들의 정원에서 온 것이라고도 한다.

그리고 마지막 '파리스의 사과'. 이것은 신들의 이야기인 신화에서 던져졌지만, 결말은 그리스 '역사'까지 파문이 이어지기에 역사적 사과가 된 또 하나의 사과다. 이전의 사과 내러티브들에 등장한 세 여신 모두와 관련 있는 사과로, 그 시작은 에리스가 던진 황금 사과에서부터다.

'티 칼리스티' 황금 사과를 던지다

때는 반신 종족의 시대. 신들과 어깨를 나란히 할 정도의 영웅이 많은 시절이었다. 헤시오도스의 《일과 날(노동과 나날)》에 따르면 인간은 최초 황금 종족에서 은 종족, 청동족의 시대 후에 반신 종족의 시대를 지난다. 반신은 대개 영웅들을 가리켰는데, 신과 인간 여성 혹은 여신과 인간 남성 사이에서 생겨난 자손이었기 때문이다. 헤시오도스가 속한 시대인 철의 종족 시대 직전이었다. 실제 그리스 철기시대는 기원전 11세기경에 시작하므로 역사적으로는 그 이전을 뜻하는 것이 된다.

인간의 아들인 미르미돈의 왕 펠레우스(씨름에서 아탈란테에게 진 그가 맞다)는 네레우스의 딸이자 발이 아름다워 '은빛 발'이라 불리던 바다의 여신 테티스를 아내로 맞이한다. 펠리온산의 결혼 잔치에는 반신족의 시대를 보여주듯 사람은 물론이고 올림포스산의 신들도 초대되었다. 잔치가 한층 무르익어 가던 참에 초대되지 않은 손님이 나타난다. 불화의 여신 에리스였다.

헤시오도스에 따르면 에리스는 밤의 여신인 닉스가 혼자 낳은 딸이다. 혹 제우스와 헤라의 딸로 군신 아레스와 남매 사이라는 설도 있고, 아레스의 아내 혹은 시종이라고도 한다. 주로 고통, 전쟁, 살인, 싸움, 거짓 등을 불러일으키는 존재라는 의미처럼 포노스(노고, 슬픔), 레테(망각), 리모스(기근), 알고스(고통), 호르코스(맹세), 마카이(전쟁) 등이 에리스가 낳은 자식이다. 그녀는 결혼식에 초대받지 못해 화가 나 있었지만, 누가 결혼식에 불화의 여신을 초대하고 싶겠는가.

복수하겠다던 에리스는 잔칫상을 향해 황금 사과 한 개를 던지고 사라졌다. 다만 던지기 전 한 귀퉁이에 'ti kallisti(가장 아름다운 자에게)'라는 글귀를 새겼을 뿐이다. 불화의 여신이 하는 복수라고 하기에는 약간 허전하다고 할까. 그런데 이 사과가 《이야기 모음집》에 등장하며 기록된 로마 시대 이래 2천 년이 지난 현재까지도 영어권에서는 '불화의 사과' 또는 독일의 '싸움의 사과', 네덜란드의 '분쟁의 사과' 등으로 전해지는 상징성을 띤다.

이유는 단순했다. '누가 그 사과를 가져야 하는가?', 즉 던져진 '황금 사과'는 가장 아름다운 여신이 누구인지의 문제로 확대되었다. 가장 고귀한 여신이자 앞선 사과 이야기들에서 차례로 나온 헤라, 아테나, 그리고 아프로디테가 서로 자신이라고 주장하기 시작했다. '양보'라는 가장 숭고하고 '아름다운' 미덕을 보였으면 좋았겠지만, 제우스가 대지의 짐을 덜어주기 위해 전쟁으로 인구 감소를 계획해놓은 신화의 전개상 그랬는지, 신화가 정리되고 기록되기 시작한 기원전 8세기경 그리스 남성 서사시인들이 여성의 속성을 그렇게 보았는지, 이유야 어쨌든 가장 아름다운 자의 자리를 향한 입씨름은 점차 격렬해졌다. 그 자리에 모인 이들에게 요청한 심판은 거절당한다. 누구 편을 들더라도 나머지 두 여신으로부터 원한을 살 것은 불 보듯 뻔했고, 이는 너무 위험한 일임을 모두 알고 있었기 때문이다. 불화는 결국 시작되었으며, 앞으로 인간 역사에까지 영향을 미칠 예정이었다.

세 여신은 해결하지 못한 채 올림포스산으로 돌아갔다. 신들은 편을 나누어 계속 '분쟁'하고 '싸웠다'. 그동안 펠레우스와 테티스 사이에서 태어난 아킬레우스는 '아버지보다 더 위대해질 것'이라는 프로메테우스의 예언을 실현할 만큼 성장하고 있었다. 마침내 세 여신 누구에게도 원한을 사고 싶지 않던 신들의 왕 제우스는 영리하게도 가장 아름다운 여신을 고르는 일은 인간 중 가장 잘생긴 남자가 해야 한다고 결정한다. 그래서 트로이아의 파리스가 선택된다. 그는 프리아모스 왕의 아들로 불행한 운명을 갖고 태어난 왕자였다.

파리스의 심판과 트로이아 전쟁

 일리아스라고도 불리는 트로이아의 왕 프리아모스는 헤카베와 재혼해 헥토르를 낳았다. 둘째가 태어나기 전 헤카베는 꿈을 꾸는데, 자신이 불붙은 나무토막을 낳고 그것이 온 도시를 불태우는 꿈이었다. 프리아모스는 전처와 사이에서 낳은 아들이자 해몽하던 아이사코스에게 물었다. 아이가 태어나면 나라가 멸망할 것이니 내다 버리라는 답이 돌아왔다. 그래서 태어난 아기는 아겔라오스에 의해 이데 산에 버려졌지만, 많은 영웅이 그렇듯 죽지 않았다. 암곰의 양육 덕분이었다. 아겔라오스는 결국 친자식으로 기르며 파리스라고 이름 붙인다. 청년이 된 파리스는 뛰어난 미모와 체력을 자랑하며 일명 '보호해주는, 막아주는 남자'라는 뜻의 알렉산드로스라는 별명을 얻었다. 그가 양떼를 잘 지켰기 때문이리라.

한편 헤카베가 낳은 딸 중 카산드라는 포이보스(빛나는 자) 아폴론의 구애를 받았다. 아폴론은 예언술을 가르쳐주는 대가로 동침을 약속받았으나 결국 거절당한다. 화가 난 아폴론은 그녀의 예언술에서 설득력을 빼앗아버렸고, 하여 그녀의 예언은 정확하게 맞지만 아무도 믿지 않는 비극을 겪는다. 파리스의 귀환 장면만이 단 한 번의 예외였다.

어느 날 프리아모스의 부하들은 파리스의 가장 멋진 황소를 징발해 갔다. 어려서 죽은 왕자를 기리는 경기에서 우승자의 상품으로 쓴다는 명목이었다. 파리스는 죽은 왕자가 자신인 줄은 꿈에도 모른 채 황소를 찾으려 참가해 우승한다. 경쟁자였던 프리아모스의 아들들이 미천한 이방인에게 진 데 분노한 것은 당연했다. 왕자 데이포보스가 칼로 목을 치려는 순간 파리스는 궁전 내 제우스 제단으로 도망쳤고, 카산드라가 알아보았다. 프리아모스와 헤카베는 기뻐하며 파리스를 다시 받아들인다. 결과로만 보면 카산드라 말을 믿은 유일한 이 순간이 비극적인 결말의 시작일 수도 있다. 이후 트로이아를 구할 카산드라의 예언들은 계속 무시당했으니 말이다.

왕자가 된 파리스는 님프 오이노네와 결혼해(왕자가 되기 전 결혼했다고도 한다) 궁에서 지내거나 목동 생활도 하며 평온한 시절을 보낸다. 제우스의 명령을 받은 헤르메스가 세 여신과 함께 다가와 황금 사과를 건네며 제우스의 명령을 전했을 때도 그는 이데산에 있었다. 세 여신에게 똑같이 나누어 드리겠다며 당황함을 표시했지만, 파리스는 결국 판결 때문에 선택받지 못한 여신들이 자신에게 진노하지 말 것이라는 조건을 걸었고 여신들은 받아들였다.

헤라는 그에게 황금 사과에 대한 대가로 재물과 권력, 명예를, 아테나는 가장 뛰어난 지혜와 전쟁에서의 승리를 제안했다. 그리고 마지막 아프로디테가 맹세한 것은 미의 여신인 자신과 같이 세상에서 가장 아름다운 여자였다. 이를 들은 파리스는 앞선 둘의 제안을 잊어버린 채 아프로디테에게 황금 사과를 던졌다. 자신이 님프 아내가 있는 몸이라는 것도 잊어버릴 정도로 매혹적인 약속이었고 다가올 파멸의 시작이었다.

이 판결로 파리스는 헤라와 아테나의 증오를 샀다. 판결에 따르겠다는 약속 따위는 염두에 두지도 않은 듯 두 여신은 트로이아 몰락이라는 계획에 의기투합한 채 물러갔다. 아프로디테는 약속을 지킬 수 있는 대상으로 스파르티아(스파르타)의 헬레네를 생각했다. 파리스는 궁전으로 돌아와 스파르티아로 떠날 준비를 한다. 오이노네도 카산드라도 파리스가 가면 트로이아에 재앙이 올 것이라고 경고했지만, 이를 무시한 파리스는 길을 나섰고 버려진 아내는 떠났다.

파리스가 스파르티아 왕궁에 도착하자 헬레네의 남편 메넬라오스는 9일 동안 그들을 극진하게 대접했다. 방문 열흘째, 그는 외조부 카트레우스의 장례식에 참석하기 위해 크레타로 떠나야 했다. 헬레네에게 파리스 대접을 신신당부한 뒤 메넬라오스가 떠나자, 파리스는 헬레네를 유혹했고 그녀는 받아들인다. 트로이아로 따라가지 않으려 해 아프로디테가 아들 에로스를 시켜 그녀의 마음에 사랑이 타오르게 했다는 이야기도 있다. 어쨌든 그녀는 9살 된 헤르미오네를 남겨두고 금은보화를 챙긴 뒤 함께 한밤중에 출항했다. 헤라가 보낸 심한 폭풍 때문에 그들은 시돈에 들려야 했는데, 추격당할 것을 두려워해 포이니케와 키프로스에서 머물렀다. 더는 추격당할 위험이 없다고 생각하고서야 이들은 트로이아로 향할 수 있었다.

이 사실을 안 메넬라오스는 형제이자 미케나이 또는 아르고스의 왕인 아가멤논을 찾아가 트로이아를 칠 군대를 위한 모병을 간청한다. 오디세우스는 원정에 참여하고 싶지 않아 미친 척했지만, 들통나 결국 참전한다. 그리고 그가 참전하지 않으면 트로이아 전쟁에서 승리할 수 없다는 예언 속 영웅 아킬레우스도 오디세우스에 의해 여자 변장을 들키며 참전할 수밖에 없었다. 오디세우스는 《오디세이아》에서처럼 아주 오랜 뒤에야 본국으로 돌아올 예정이었다. 하지만 아킬레우스는 어머니 테티스의 간절한 바람에도 불구하고 아킬레스건 때문에 살아 돌아오지 못할 운명이었다.

카산드라는 헬레네를 돌려주면 전쟁을 끝낼 수 있다고 했지만 무시당한다. 전쟁이 발발한 지 10년 넘어 친구 아킬레우스 대신 나아가 죽음을 맞은 파트로클로스, 아킬레우스와 결전을 벌인 프리아모스의 장남 위대한 헥토르, 유일한 약점을 화살에 맞은 영웅 아킬레우스, 그리고 그를 죽였지만 결국 자신도 오이노네의 치료 거부로 사망에 이르는 파리스 등 여러 영웅의 비극적인 운명이 얽히고 나서야 헬라스(그리스인은 자신을 헬라의 후예로 여겨 헬라인이라고 부르고, 이방인은 바르바로이로 칭했다)는 아테나의 도움으로 트로이아 목마를 이용할 계책을 꾸밀 수 있었다.

그리스군이 '헬라스인은 귀향을 위해 아테나에게 이 감사의 공물을 바치노라'라는 글자를 새긴 거대한 목마를 남기고 철수하자, 트로이아인 사이에서는 의견이 나뉜다. 카산드라는 멸망을 예언하며 목마를 들이지 말 것을 간청했지만 또 무시당했다. 아폴론의 신관 라오콘도 같은 입장이었으나, 트로이아인은 결국 헬라스의 탈영병으로 가장한 시논의 설득을 믿었고, 아테나에게 바치는 공물로 목마를 성안으로 들인 뒤 제물을 바치는 일과 잔치에 열중했다. 아폴론은 트로이아에 징표로 뱀 2마리를 보내 라오콘 부자를 잡아먹게 한다(혹은 아들들만 죽었다는 설도 있다). 라오콘 이야기는 기원전 1세기 로도스섬에서 하게산드로스, 아타나도로스, 폴리도로스가 조각해 로마로 옮겨진 뒤 우여곡절 끝에 현재 바티칸 미술관에 소장된 〈라오콘 군상〉으로 생생하게 기억되고 있다.

밤이 되어 헬라스 함대가 돌아오자, 목마에 숨어 있던 수십 명은 트로이아의 성문을 열었다. 이어 트로이아는 불타기 시작했고, 총력이 투입된 가공할 만한 약탈이 진행되었다. 프리아모스와 남아 있던 아들들은 살해당했으며, 트로이아 여성들은 헬라스의 노예로 처참한 운명을 맞는다.

 그러나 승자의 운명 역시 비참함은 트로이아 못지않았다. 총사령관 아가멤논의 경우부터 그랬다. 카산드라의 미모에 반한 그는 전리품으로 삼은 그녀와 미케나이로 귀환한다. 카산드라는 아가멤논이 아내에게 죽을 것이라 경고하지만 마지막까지 무시당한다. 위대한 개선장군 아가멤논은 결국 귀국 직후 왕비 클리타임네스트라와 그녀의 정부 아이기스토스에게 살해되었고 몰래 매장된다. 그뿐이 아니다. 영웅 오디세우스도 트로이아에 대한 10년간의 폭력과 똑같은 시간인 10년간 방랑해야 했다. 온갖 고통을 겪은 끝에 가까스로 귀국하지만, 고국에서도 숱한 고난을 받아야 했다. 이외 수많은 헬라스도 그들이 트로이아의 성을 불사르고 살인한 것과 같이 자신의 배도 불타고 풍랑으로 익사하는 처참한 운명이 기다리는 귀국길에 올랐다.

신화에서 역사로

　고대 그리스 역사가 헤로도토스는 '그리스인들에게 신을 만들어준 것은 호메로스와 헤시오도스'라고 했다. 위대한 두 서사시인은 기원전 8세기경이라는 비슷한 시기에 신들의 이야기를 담은 서사시를 썼다. 그리스인 그리고 이후 유럽인들이 경전과 같은 절대적인 경외심을 보이는 작품을.

　최초의 대서사시인 호메로스의 《일리아스》와 《오디세이아》는 기원전 1150~800년 그리스 암흑시대 동안 음유시인에 의해 구전되어 오던 내용을 최초로 집대성한 산물로 알려져 있다. 《일리아스》의 배경은 트로이아 전쟁의 51일간으로, 헥토르와 아킬레우스를 중심으로 한 영웅들의 처절한 싸움을 보여준다. 《오디세이아》는 트로이아 전쟁 이후 오디세우스의 모험과 귀국, 페넬로페의 구혼자들에 대한 복수가 내용이다. 그렇다면 파리스 사과 판결과 그 유명한 목마는 어디에 있는가? 이는 전해지지 않는 《서사시권(서사시환, 에피코스 키클로스)》에 들어 있다. 《서사시권》은 트로이아 전쟁과 관련된 8개의 서사시 모음으로, 호메로스의 대서사시 2권도 이 안에 포함된다. 나머지는 단편적인 내용으로만 전해지고 있다.

두 권의 대서사시가 의미 깊은 것은 청동기시대를 짐작하게 하는 신화 내용도 그렇지만, 서사시들이 쓰인 암흑시대 말기 그리스 모습 또한 스며 있기 때문이다. 암송으로 세대에서 세대로 전해진 내용에 호메로스가 살던 당대 시각들이 반영되어 있다는 뜻이다.

실제 기원전 1,000년경 이후 그리스에서는 번영이 시작될 징후가 나타나고 있었다. 상업이 중요해지면서 부가 늘어났고 사회 계층화는 뚜렷해졌다. 소규모 귀족 집단은 자신들의 특권을 '최고 인간'이 가진 탁월한 자질의 반영이라고 합리화했다. 그런데 당시 귀족 지위를 확립하는 데 필요한 것은 부유함만이 아니었다. 위대한 인간이란 노래하는 자, 행동가이자 승리자여야 했고, 무엇보다 신들의 총애를 받아야 했다. '영웅' 말이다. 그 이상적인 영웅상이 두 저작에서 그려낸 인물의 기반이 되었음은 두말할 나위가 없다. 호메로스의 서사시는 당시 귀족들의 이상적 롤모델을 보여준 셈이었다.

호메로스가 전승을 체계화한 시도는 헤시오도스로 대표되는 일명 '계보 시인'으로 이어졌다. 에우보이아섬 출신인 헤시오도스는 《신들의 계보》와 《일과 날》이라는 역작을 저술한 인물이다. 이들 작품은 사실 호메로스 서사시에 비해 짧고 세련되지 못한 느낌을 주기도 한다. 그럼에도 그리스인들이 헤시오도스를 호메로스와 같은 독보적 반열에 올리는 데는 그럴 만한 이유가 있다.

그리스 신화에서 가장 경이로운 점은 신과 인간 영웅 사이를 잇는 세밀하고도 방대한 계보가 있다는 것이다. 단순한 민담, 전승을 여타 신화들과 달리 장대한 서사 체계 형태로 발전시켰다는 점에 헤시오도스의 업적이 있다. 개별적으로 구전되던 신들의 이야기를 체계적으로 정리해 이들의 계보를 남겼으니 말이다. 신들의 족보를 편찬한 것이라고 할까.

그리스 신화의 신과 영웅들은 족보 안에서 고유의 이름과 활동 영역을 얻어 현실 속 존재들처럼 살아 움직였다. 정교한 족보에 따라 여러 친족 집단으로 나뉜 이들은 서로 사랑하고 싸우는 등 관계를 맺으며 거대 사회를 형성했다. 이 같은 그리스 신화 속 관계망은 '헬레니즘'의 중요한 부분으로 전해지며 인류에게 예술적 영감을 준 원천이 되었다.

수 세기에 걸친 신들에 관한 전승을 체계화해 당시 시대상을 반영한 대서사시를 쓴 호메로스, 단편적이고 산만했던 설화를 유기적인 통일체로 조직해 인간 영웅의 역사에까지 이어지게 한 헤시오도스. 그들에 의해 8세기 그리스에서 신화와 역사의 접합점이 만들어지고 있었다. 다른 국가가 '연대기'에서 '역사'로 발전한 것과 다르게 그리스에서는 '문학'에서 '역사'로 변천이 일어난 것이다.

기원전 1세기 고대 로마의 유명한 정치가이자 저술가인 키케로는 헤로도토스를 '역사의 아버지'라고 부른 최초의 인물이다. 그는 《법률론》에서 '역사의 아버지인 헤로도토스의 저서에도 믿어지지 않는 이야기가 많다.'라고 기록했다. 사실 역사라는 뜻의 영어 단어 'history'는 그리스어 'historia'(히스토리아, 탐구)에서 유래했다. 언젠가부터 등장한 'his-story'와 'her-story'의 해석은 그 자체가 일련의 '입장'을 표명하는 일종의 언어유희다.

그리스 문학 속에서 '히스토르(histor)'는 소송 사건을 담당했는데, 양측의 주장을 심리해 무엇이 진실인지 결정하는 역할을 했다. '히스토리아'란 히스토르의 이런 기능을 가리키는 것으로 '연구를 거친 지식, 문의'를 뜻한다. 헤로도토스가 여기에 '시간'이라는 의미를 부여함으로써 역사란 '사건들을 시간 속에서 탐구'하는 것이 되었다. 그가 쓴 《역사》는 유럽어로 쓰인 현존하는, 가장 오래된 산문 작품이다.

기원전 5세기경은 그리스 역사가 큰 변화를 겪은 지점이었다. 당시 그리스는 천여 개의 폴리스로 이루어져 있었는데, 이들은 사실 경쟁 관계에 가까웠다. 반면 동시대의 아케메네스 페르시아는 당시 최강 제국으로 근 20여 년 동안 그리스를 압박했다. 그러다 마침내 자유에 대한 위협을 떨쳐낸 페르시아 전쟁(기원전 492~479년)의 승리 경험은 그리스 세계를 송두리째 바꾼다.

헤로도토스는 이 역사적 순간들에 서 있었다. 그리스와 페르시아 사이의 투쟁, 일명 페르시아 전쟁에 대한 기록 대부분은 헤로도토스가 남긴 것이다. 그는 《역사》의 서두에서 '그들(아테네인과 페르시아인)이 무슨 이유로 싸웠는지'를 밝히기 위해 '탐구 결과를 발표'한다고 기술했다. 이오니아 지방에 인접한 할리카르나소스 시에서 태어난 그는 정치적 소용돌이에 휘말려 망명 생활을 하면서 유럽과 아시아, 아프리카를 여행했다. 그는 특히 자신의 시대 이전에 존재했던 밀레토스의 헤카타이오스로부터 많은 것을 인용했고 헤카타이오스의 여행로를 따라 여행하기도 했다.

기원전 6세기 아테네 솔론에서 클레이스테네스의 개혁으로 이어지던 시절, 시인과 구별된 '로고그라포'라는 산문 작가 중 가장 인상적인 인물이 활동한다. 그는 지중해와 흑해 연안 지방, 인도와 페르시아, 그리고 스키타이 등에 관한 세계여행기를 쓴 여행가였다. 일명 '오리엔트'라 불릴 지역에 관해 최초로 소개한 그는 자신의 이름보다 수천 년 동안 남을 유명한 문구를 남긴다. 그는 "이집트는 나일강의 선물이다"를 남긴 헤카타이오스였다. 헤로도토스가 페르시아 전쟁을 기록한다고 하면서 그에만 초점을 맞춘 것이 아닌 동방 여러 민족의 역사나 민속 지리를 상세하게 언급한 것은 헤카타이오스의 영향이다.

하지만 《역사》는 단순한 여행기가 아니라 탐구의 결과였다. 헤로도토스가 보고 듣고 읽은 것은 탐구로 입증되고 상식에 의해 비판된다. 그는 증거가 충분하지 않으면 판단을 유보했고, 자료가 상반되어 판단이 힘들 경우에는 병기하거나 자신의 추측을 제공했다. 허무맹랑한 기록이 있기도 하지만 대체로 실제 일어났던 일을 진실로 '밝히려' 애쓴다. 그리고 그의 《역사》는 파리스와 헬레네의 이야기도 서술한다. 무려 이집트의 역사와 관련해서 말이다.

이성, 헬레네를 변명하다

헤로도토스는 《역사》 제2권에서 이집트 최초 5대 왕에 대해 이집트인으로부터 들은 그대로 기록한다고 서술했다. 초대 왕은 민에서부터 세소스트리스, 페로스, 프로테우스, 람프시니토스로, 그중 프로테우스 왕이 알렉산드로스(파리스)와 관련이 있다.

알렉산드로스(헤로도토스는 파리스가 아닌 알렉산드로스로 부른다)는 스파르타에서 헬레네를 빼앗아 모국을 향해 출발했는데, 에게해에 들어와 배가 풍랑에 휩쓸려 이집트에 이르고 말았다. 그곳은 나일강 하구였고 헤라클레스 사원이 있어 어떤 노예든 이곳으로 도망쳐 신에게 자신을 의탁하면 누구도 그에게 손을 댈 수 없다는 풍습이 있었다. 알렉산드로스의 노예들은 이를 알고 모반을 일으켜 사원 안에 들어앉았다. 주인을 모함하기 위해 헬레네에 관한 일과 메넬라오스에게 행한 악한 일을 자세히 말한 것도 이 때문이었다. 자초지종을 전해 들은 프로테우스는 남의 가정을 파괴한 알렉산드로스를 추방했다. 그리고 헬레네의 남편이 되찾으러 올 때까지 헬레네와 그녀가 가져온 금은보화는 보관해두기로 한다.

헤로도토스는 이집트 사제들이 헬레네에 대해 말한 것이 사실이라 생각한다고 말했다. 헤로도토스의 전개에 따르면 아가멤논은 총사령관이 되어 메넬라오스와 함께 대군을 이끌고 트로이아를 포위한다. 성안으로 특사를 보내 헬레네와 보물을 돌려주고 헬라스를 모욕한 것에 물질적으로 보상할 것도 요구한다. 그러자 트로이아는 "헬레네도, 그들이 훔쳐 왔다고 하는 보물도 그곳에 있지 않고 모두 이집트에 있으며, 따라서 이집트 왕이 억류해 놓고 있는 것을 그들이 보상할 이유가 없다."라고 답변한다.

우롱당하고 있다고 생각한 헬라스는 트로이아를 점령했으나 헬레네는 찾을 수 없다. 같은 이야기만 계속 들은 이들은 마침내 메넬라오스를 프로테우스에게 보낸다. 이집트에 도착해 나일강을 거슬러 올라간 그가 멤피스에 도착해 왕에게 찾아온 용건을 말하자 환대가 이어졌다. 또 아무런 해를 입지 않고 편히 지내던 헬레네와 보물을 그대로 돌려받는다.

헤로도토스는 헬레네가 실제로 트로이아에 있었다면 그들은 파리스의 의지와 상관없이 그녀를 돌려주었을 것이라고 주장했다. 프리아모스를 비롯한 그 누가 자신과 가족 그리고 국가를 위험에 빠뜨리면서까지 파리스와 헬레네의 사랑을 지켜주겠느냐는, 누구라도 그럴 법하다 할 수 있는 '이성적'인 생각이 그 근거였다. 혹 헬레네의 연인이 프리아모스였다고 해도 트로이아를 구하기 위해 되돌려 보냈을 것이다. 또 이미 연로해진 프리아모스를 대신해 용맹한 장남 헥토르가 트로이아의 전권을 행사하고 있었을 텐데, 아무리 파리스가 동생이라고 해도 그의 말도 안 되는 행위를 보고만 있지 않았을 것이라는 지극히 '합리적'인 생각에서였다.

이 같은 헤로도토스의 헬레네에 관한 견해는 에우리피데스의 비극 작품들에도 구체화 된다. 아테네에서는 기원전 6세기 후반 이후 극문학이 크게 번성하기 시작했다. 이는 디오니소스 제전을 처음 조직화한 페이시스트라토스(참주의 대표로 유명한)에서, 제전을 비극 상연의 축제로 전환한 클레이스테네스 시기까지였을 것이다. 5세기까지 이어진 그리스 문화의 정점에는 특히 아이스킬로스, 소포클레스, 에우리피데스 등 3대 작가의 활약이 단연 두드러졌다. 단순한 연출이었음에도 압도적인 정서적 효과로 엄청난 인기몰이가 이어졌던 일명 '비극의 황금기'였다.

전쟁으로 시작해 전쟁으로 끝난 격동의 기원전 5세기, 에우리피데스는 〈트로이아의 여인들〉과 〈헬레나〉로 파리스의 사과 서사가 내포하는 또 다른 면을 보여준다. 기원전 415년 봄 상연된 〈트로이아의 여인들〉은 트로이아가 함락된 후 왕비 헤카베를 비롯한 트로이아 여인들이 비참한 신세와 앞으로 다가올 저주스러운 운명을 비탄하는 내용이다. 여기서 참혹한 전쟁이 단지 헬레네라는 여성의 허영심에서 시작되었다고 표현하면서, 전쟁은 그 허무함을 드러낸다.

멸망의 책임은 아프로디테나 제우스에게 있다고 강변하는 헬레네에게 헤카베는 "그리스에서 가난하게 살던 그대는 화려한 의상과 황금 장식으로 빛나는 파리스를 보자마자 그에 현혹되어 스파르타이를 버렸으며 …… 메넬라오스의 집은 그대의 사치스러운 욕심을 채울 수 없던 것이다."라고 비난한다. 코러스도 한 여자의 애욕으로 수많은 귀한 생명이 쓰러졌다고 하면서 비탄을 전한다. 신과 얽힌 인간의 운명과 영웅들의 고귀한 죽음을 숭배하며 노래한 몇 세기 전의 그리스인들과 달리 전쟁이 초래한 참혹함에 초점을 맞추는 전개다.

2~3년 후 상연된 〈헬레네〉에서 헬레네는 전혀 다르게 그려진다. 그녀는 사치를 좋아하는 부정하고 교만한 여자가 아니라 오직 남편의 무사 귀환만을 기다리는 정숙한 미녀가 되어 있었다. 트로이아로 간 헬레네는 헤라 여신이 만든 하나의 환영에 불과했고, 진짜 헬레네는 제우스의 지시에 따라 이집트 프로테우스 왕에게 맡겨진다. 그녀는 프로테우스의 따뜻한 보호를 받다가 왕이 죽자 그의 아들로부터 집요한 청혼을 받는다. 끝까지 거절한 헬레네는 17년 만에 남편과 상봉해 이집트에서 탈출한다.

이런 헬레네 이야기는 에우리피데스의 창작이 아니다. 알다시피 헤로도토스도 언급한 바가 있다. 기원전 6세기 초 서정시인 스테시코로스가 헬레네의 부정을 노래했다가 신의 벌을 받아

눈이 멀었는데, 트로이아에 가 있던 것은 헬레네의 환영이었다고 말하며 그녀의 고귀함을 노래하자 다시 시력을 회복했다는 전설이 있다. 에우리피데스는 그런 전설을 살려 연극으로 승화시킨 것이다. 여기에는 여타 작품처럼 처절한 비극성은 없다. 하지만 트로이아로 간 한낱 환영 때문에 위대한 영웅들과 수많은 인간이 싸우고 죽인 결과로 이어져 전쟁의 허무함을 가장 신랄하게 드러낸 작품이 되었다. 어찌 보면 비극 중의 비극이 된 것이랄까.

'역사'의 등장과 함께 이 같은 일련의 과정은 그리스 사회에서 인간의 이성에 기반을 둔 사고가 발달할 수밖에 없었음을 보여 준다. 그리스인이 보기에 신들은 변덕스러웠고, 인간적인 모든 결점을 가졌으며, 인간사에 개입하기를 즐겼다. 여신들의 아름다움을 경쟁한 사과 하나로부터 그 수많은 인간과 영웅이 죽은 전쟁이 벌어졌다니, 그런 신들을 어떻게 믿고 의지하겠는가. 그리스인에게 결국 신은 달래주고 비위를 맞춰야 할 대상이었을 뿐 전적으로 신뢰할 존재가 아니었다. 그렇기에 신적 개입보다 인간의 정신력에 의존하려는 경향이 발달했을 것이다. 물론 한편으로는 인간의 성취를 지나치게 자랑스러워하는 '휴브리스'라는 개념을, 피해야 할 덕목으로 발전시킨 안전장치도 마련해 놓았지만. 이는 신들의 지위를 위협하는 것이었기에 이목을 집중시키기 마련이었고, 신들은 신화 속의 수많은 사례처럼 그런 기미를 보인 인간은 가차 없이 징벌하곤 했으니.

인간 지성의 수월성에 기반을 둔 그리스 문화의 위대함은 역사와 연극에 더해 민주주의, 철학, 올림픽에 이르기까지 눈에 보이는 수많은 업적에 있다. 그뿐 아니다. 휴머니티(humanity), 즉 '인류 전체와 개개 인간의 본성 안에 있는 고상한 임무'라는 개념 자체를 탄생시킨 것 역시 그리스였다. 그리스인에게 '존재'의 목적은 자신의 인간적 잠재력을 최대한 발전시키는 데 있었다. 이같이 '사람이 되려는 노력'을 그리스어로 '파이데이아'라고 하는데, '모든 자유인은 자신의 조각상을 깎는 조각가'임을 의미한다. 로마인은 이를 받아들여 키케로에 의해 '후마니타스(humanitas)'라고 일컬어지기 시작했고 휴머니티는 여기에서 출현했다. '인문학 탄생'의 역사적 장면이라 할 수 있을까.

유럽인의 위대한 기억인 로마는 이처럼 실제 많은 부분을 그리스인에게 빚진 터였는데, 로마의 건국 신화부터가 그랬다..

트로이아 전쟁의 패자 부활

　고대 로마에는 라틴인과 로마인에 관한 2개의 건국 신화가 있다. 아우구스투스 시대의 시인 푸블리우스 베르길리우스 마로는 《아이네이스》를 저술한 인물로, 로마의 시성이자 전 유럽의 시성으로 불릴 만큼 위대한 시인으로 손꼽힌다. 14세기 단테가 《신곡》 속 지옥의 안내자로 삼을 정도였다.

　'아이네이아스의 노래'라는 뜻의 《아이네이스》는 아이네이아스가 여신 베누스(아프로디테)의 도움으로 패망한 트로이아를 탈출해 이탈리아의 라티움에 정착하는 과정을 노래한 것이다. 그는 베누스과 트로이아 왕족 앙키세스(프리아모스와 재종간이다) 사이에 태어난 트로이아 장수였다. 그리스 신화 속에서도 트로이아 전쟁 당시 헬라스 군대의 약탈이 시작되자 아이네이아스는 아버지 앙키세스를 업고 트로이아를 빠져나간다. 헬라스인들은 그의 경건함 때문에 그가 지나가도록 내버려두었다고 묘사해 놓았다.

베르길리우스의 서사시는 아이네이아스가 라티움의 왕인 라티누스의 딸 라비니아와 결혼하고 토착 세력과의 대결에서 승리한 뒤 라티움에 안착하는 데서 끝난다. 트로이아인과 라틴인이 연합한 새로운 역사가 이탈리아반도 중부 라티움 지방에서 시작됨을 알리면서 라틴인의 기원 신화는 완성된다.

한편 동시대 역사가 티투스 리비우스 파타비누스는 로마가 건국되어 지중해 제국으로 성장하기까지 발전 과정을 담은 역사서 《로마사》를 썼다. 142권이라는 방대한 작품(그중 35권만 현존한다)에서 그 역시 패배한 트로이아의 영웅 아이네이아스가 라티움에 정착한 것을 로마 역사의 기원으로 삼았다. 그가 라비니아와 결혼해 라비니움이라는 도시를 건설, 트로이아인과 라티움인의 연합 국가를 연 것은 《아이네이스》와 같다. 그러나 리비우스의 역사는 더 나아간다. 아이네이아스의 아들 아스카니우스가 트로이아 왕가의 계보를 이은 새로운 도시 알바롱가를 건설했다. 그로부터 아이네이아스의 16대손인 로물루스가 로마를 건설하고 왕정을 열면서 기원 신화가 완성되었고 로마의 역사시대는 시작된다.

국가의 기원 신화를 구축하는 것에서부터 유추할 수 있듯 로마는 그리스 신화를 그대로 이어받았을 뿐만 아니라 체계를 갖추고 더욱 생생하게 구현해낸다. 물론 이름들은 모두 로마식으로 바꾸었지만 말이다. 실제 현 번역서들의 원전으로 여기는 그리스 신화는 아폴로도로스의 《비블리오테케(도서관)》와 로마의 시인 푸블리우스 오비디우스 나소의 《변신 이야기》, 그리고 가이우스 율리우스 히기누스의 《이야기 모음집》이다.

《비블리오테케》는 호메로스와 헤시오도스 작품들과 더불어 위대한 영웅을 서술한 그리스 시대 작품이다. 간결하고 분명하게, 마치 개요처럼 기술된 《비블리오테케》는 그동안 아리스타르쿠스의 제자인 아테네의 아폴로도로스의 작품으로 알려졌다. 그런데 본문 중 그의 생전에는 없던 저작에 관한 기술이 있어 사실이 아님이 밝혀졌고, 그 이후 저자는 "가칭의 아폴로도로스"라고 불린다.

이를 제외한 2권이 다 로마 시대 작품이라는 것에 주목할 필요가 있다. 《변신 이야기》는 아우구스투스의 미움을 사 유배를 떠난 오비디우스가 황제의 환심을 사기 위해 저술한 작품으로 알려져 있다. 그리스 신화의 태초부터 변신을 주제로 서술한 이 작품에서 오비디우스는 카이사르를 거쳐 아우구스투스까지 이르며 이들에게 신성을 부여한다. 황제에 대한 일종의 아첨이랄까, 불멸의 고전답게 방대하고 다양한 표현의 화려함은 익히 알려진 바와 같다. 이에 비해 《이야기 모음집》은 몇 가지 에피소드가 중심이 아닌, 300여 개의 그리스 신화 전체와 신들의 계보, 영웅을 서술한다. 요약해놓은 형태라 《변신 이야기》처럼 필력을 느낄 만큼의 재미는 없지만, 역사적 가치가 넘치는 보고다.

《이야기 모음집》에 와서야 에리스가 던지고 파리스가 판결한 과일로 황금 '사과'가 처음 등장하고 있다. 물론 주제는 초기 저작들에서 보이지만. 그뿐만 아니라. '스틱스강과 발뒤꿈치' 내러티브로 인해 현재까지도 사용되는 '약점'의 상징처럼 쓰이는 아킬레스건에 대한 언급도 로마의 시인 스타티우스가 쓴《아킬레우스》에서 처음 등장한 말이다. 유명한 에로스와 프시케의 사랑 이야기는 로마 소설가 아풀레이우스의《변신 이야기(황금 당나귀)》에서 처음 나타난다. 결국 그리스 신화는 기원전 8세기경《서사시편》과《신들의 계보》등에서 출발했지만, 그리스를 관통한 뒤 로마 시대에 와서야 현재 우리에게 친숙한 형태의 완결에 가까워지는 것을 볼 수 있다. 그렇다면 과연 그 안에 담긴 내용은 신들의 이야기인가, 인간의 역사인가?

불화의 여신 에리스가 시작해 파리스가 던진 사과는 결국 트로이아의 멸망을 가져왔다. 그러나 승리한 미케나이 또한 같은 운명이 되었다. 미케나이가 사라진 뒤 수백 년의 암흑시대, 그 마지막 무렵에 출현한 호메로스에서 헤시오도스 그리고 헤로도토스로 이어지며 전승된 신화는 그리스에서 인간의 역사로 태어났고 비극의 발전을 가져왔다. 그 과정에서 그리스인에게 인간 본연의 성품과 이성에 집중할 수 있는 문화적 기풍을 선물로 주었다.

불타는 트로이아에서 나온 아이네이아스가 로마 건국 설화의 처음을 장식하며 부활하는 것은 의미심장하다. 이후 그리스 신들은 로마의 것으로 변해 위용을 떨쳤고 후마니타스적 기풍 또한 마찬가지였다. 기독교의 유일신은 곧 그 자리를 대신하지만, 로마인의 심성에서 그리스 문화와 기독교는 결합하고 있었다. 기독교에 의해 고대 로마의 후예가 된 서로마, 신성로마제국에도 이는 그대로 이어진다. 게다가 1453년 비잔티움제국 멸망 후 학자들은 그리스 문학과 철학, 헬레니즘 과학 등 무수한 문화유산을 지닌 채 이탈리아로 빠져나왔고, 종국에는 종교개혁으로 이어질 르네상스 인본주의를 세워나갔다.

그러므로 신화로부터 시작되어 트로이아로, 로마로, 그리고 르네상스와 종교개혁으로 이어지는 장엄한 시간의 흐름에서 파리스의 사과가 죽음과 파멸만을 상징한다면 살짝 억울할 듯싶다. 영원에서 지상으로 다시 영원으로 이어지면서, 멸망이 사라짐으로만 끝나지 않는다는, 남은 자들에 의해 역사는 계속 이어진다는 생명의 이야기가 사과 한 알에 담겨 있는 것은 아닐지.

3장

사과로 쏘아 올린
낙원

자유

●

빌헬름 텔 개인의 이야기에서
혁명과 역사의 상징이 된 그것

/

알프스산맥의 자연 풍광만큼 인간의 자유를 아름답게 여긴 스위스의 탄생 역사 또한 사과를 선택했다. 이 서사에서 사과가 등장하는 장면은 매우 짧다. 하지만 그를 둘러싼 역사는 스칸디나비아에서 네덜란드, 프랑스를 거쳐 독일 및 스위스까지 유럽을 관통하며, 10~20세기 중세부터 현대에 이르는 천년의 시간을 따라 장구하게 펼쳐져 있다.

궁수 토케와
푸른 이 하랄드

　빌헬름 텔은 스위스 탄생의 중심인물로 국민적인 영웅이다. 그래서 언제나 스위스 어디에선가는 텔 이야기가 상영되고 있다. 특히 유명한 인터라켄의 야외 상연은 1912년부터 시작되었는데, 매년 6월 중순에서 9월 초까지 열린다. 마을 사람 대다수가 빌헬름 텔 연극제에 함께 참가해 독립 영웅 이야기를 만드는 것을 보면, 스위스인의 텔에 대한 애정과 자부심이 어느 정도인지 체감할 수 있다.

　하지만 학자들은 텔을 역사상 실존 인물로 보기 어렵다는 데 의견이 대부분 수렴한다. 사실 아들의 머리에 놓인 사과를 쏘도록 강요받은 궁수 내러티브는 유럽에 널리 퍼져 있었다. 그 최초를 정확하게 밝힐 수는 없으나, 중세 북유럽 문헌에서 조심스럽게 사과 사격 내러티브의 초기 형태를 찾아낼 수 있다.

12세기 덴마크 수도사 겸 역사가인 삭소 그람마티쿠스는 덴마크 중세 문학의 유일한 작품인 《데인인의 사적》을 남겼다. 데인인은 북유럽의 철기시대와 바이킹 시대에 걸쳐 오늘날 덴마크와 스칸디나비아반도 남부에 살았던 북 게르만족 일파를 가리킨다. 덴마크 왕국의 기초를 세웠는데, 전설적인 왕 '단'으로부터 데인이라는 명칭이 유래되었다고 한다.

그람마티쿠스가 화려한 문체의 라틴어로 쓴 《데인인의 사적》은 신화시대부터 12세기까지 덴마크 역사 16권의 기록이다. 9권까지는 고대사, 10~13권은 기독교화 시대, 나머지 3권은 12세기 당시의 상황들로 구성되어 있다. 원본 필사본은 거의 소실되었지만 내용은 요약문으로 살아남아 전해졌고, 우여곡절 끝에 룬드(오늘날 스웨덴) 대주교 수집품 속에서 사본이 발견되었다.

《데인인의 사적》이 온전하게 빛을 본 것은 '르네상스'라는 시대정신 덕분이었다. 기독교 이전의 역사와 전설에 호기심이 많았던 르네상스 학자들은 그람마티쿠스의 작품에 열광했다. 작품 속에서 능란하게 라틴어를 구사하는 그를 14세기 초부터 '그람마티쿠스(Grammaticus)'라는 이름으로 부르기 시작할 정도였으니. 특히 16세기 네덜란드 출신 인문학자인 데시데리위스 에라스뮈스는 고전 라틴 문예 연구와 그리스어 공부에 몰두했던 인물로 유명한데, 그람마티쿠스의 라틴어 구사력에 칭송을 아끼지 않았다고 한다.

에라스뮈스는 '판도라의 상자' 내러티브를 완성한 주인공이기도 하다. 사실 그리스 신화 속 최초의 여인 판도라가 연 것은 '상자'가 아닌 '항아리'로, 큰 것은 사람 키만 할 정도다. 항아리가 상자로 변한 것은 아풀레이우스의 《변신 이야기(황금 당나귀)》 속, 프시케가 연 페르세포네의 '상자'를 떠올리며 에라스뮈스가 오해했기 때문이라고 한다. '판도라의 항아리'를 바꾸어버리는 에라스뮈스는 1511년 알프스 이북 르네상스를 대표하는 유명한 작품《우신예찬》을 간행했고, 3년 뒤 그람마티쿠스의 작품이 프랑스 파리에서《데인인의 임금과 영웅들의 역사》라는 제목의 라틴어 판본으로 출판되었다.

그람마티쿠스의 책은 덴마크뿐 아니라 에스토니아와 라트비아 역사도 최초로 언급하고 있다. 특히 9권까지 내용은 아이슬란드와 노르웨이에 전해지는 《에다》,《사가》와 함께 북유럽 신화나 전설의 보고라고 평가될 정도다. 참고로《에다》는 고대 아이슬란드어로 쓴 북유럽 신화와 전설을 읊은 '시집'과, 아이슬란드 역사가이자 시인인 스노리 스툴루손이 편집한 북유럽 신화와 전설, 작시법이 수록된 '시학 입문서'를 말한다. '이야깃거리'라는 뜻의《사가》는 산문 장편 문학, 즉 이야기나 역사, 전설, 역사소설 등을 말하는데, 널리 알려진 붉은 머리 에리크나 베오울프 이야기가 포함되어 있다. 그람마티쿠스는 북유럽 신들을 덴마크나 스칸디나비아 남부 왕가의 조상으로 보아 각국 역사와 연결해 묘사했기 때문에 신화나 전설이 역사로 전해질 수 있었다. 그리스의 호메로스나 헤시오도스처럼.

그람마티쿠스가 기록한 신화와 역사는 유럽의 위대한 문학작품으로 다시 탄생할 모티브를 제공하기도 했다. 가령 3, 4권의 암레트 이야기는 현대인에게도 매우 친숙한 내용이다. 덴마크 왕의 손자인 암레트는 삼촌에게 아버지를 잃었는데, 어머니와 결혼해 왕위에 오른 삼촌을 두려워해 바보 행세를 하다가 마침내 아버지의 원수를 갚는다. 《데인인의 임금과 영웅들의 역사》가 출판된 시기와 플롯을 고려한 많은 이들은 암레트 이야기를 윌리엄 셰익스피어가 1601년경 집필한 《햄릿》의 원전으로 여긴다. 영국의 대문호가 햄릿을 영국이 아닌 덴마크의 왕자라고 설정한 것이 생뚱맞지 않은 이유다. 속내를 들여다보면 이유가 없는 역사는 없음을 보여주는 또 하나의 이야기라고나 할까. 실제 셰익스피어에게는 '햄릿'이라는 이름의 아들이 있었다.

빌헬름 텔의 중요한 모티브가 된 팔나토케 이야기도 《데인인의 사적》 10권에 등장한다. '팔나(palna)'라는 명칭에는 두 가지 의미가 있다고 하는데, '~의 아들' 혹은 '궁수'를 뜻한다고 한다. 번역된 언어에 따라 토케(Toke) 또는 토코(Toko)로 기록된 그의 이름은 'tok'가 현재 스웨덴어로 '바보', '엉망진창이 되다'라는 뜻을 지닌 것에서 의미를 유추해볼 수 있다.

전설적인 데인의 영웅으로 핀섬의 족장이기도 한 토케는 당시 덴마크 국왕 하랄드 블라톤의 통치하에 있었다. 이름에서 보이듯 뛰어난 궁수였는데, 나무 말뚝에 놓인 작은 사과를 한 번에 명중시킬 수 있다고 자랑하곤 했다. 왕은 나무 말뚝 대신 아들의 머리에 사과를 올려놓고 쏘게 했고, 이에 불응하면 목숨을 빼앗을 것이었다. 토케는 화살통에서 세 개의 화살을 꺼냈고, 아들에게 화살을 두려워하지 않도록 얼굴을 돌리라고 한 뒤 쏘아 성공한다. 화살을 여러 개 준비한 이유를 묻는 왕에게 그는 "한 발에 성공하지 못하면 왕을 죽이기 위해서였다."라고 대답한다. 그는 더 이상의 처벌을 받지 않았지만, 이후에도 왕의 핍박을 받는다.

토케는 결국 하랄드의 아들 스베인 튜그스케그를 도와 반란을 일으키는 데 성공했고, 도망가던 하랄드는 숲에서 복수를 기다리던 토케의 화살에 맞은 뒤 사망한다. 스베인을 국왕으로 세운 토케는 오랜 덴마크의 전통 신앙(기독교적 입장에서는 이교적인 다신교 신앙)을 확고히 한다. 그가 하랄드에 반기를 든 것은 하랄드가 침략해 왔을 당시 자기 조상을 죽인 것에 대한 복수도 있지만, 기독교 개종에 반대했던 종교적인 이유 때문이라고도 한다.

실제 역사 속의 하랄드는 덴마크를 기독교 국가로 개종시킨 국왕이다. 치세 시작부터 기독교 용인 정책을 펼친 그는 게르만 수도사인 포포의 영향을 받아 960~965년 세례를 받은 뒤 기독교를 국교로 삼는다. 수 세기 동안 덴마크 왕실의 묘당으로 사용될 로스킬레 대성당 등 기독교적 건축물을 세우고 바이킹 고유의 순장 풍습을 없애기도 했다. 10세기 북유럽에서 급속한 기독교 전파라는 역사적 장면의 주인공이었던 셈이다.

당대 덴마크에서 그를 '선한 하랄드'의 의미로 불렀듯이 기독교 개종 작업은 폭력적이지 않았으며 치세는 대체로 평화로웠다. 게다가 노르웨이도 점령한 그는 최초로 덴마크와 노르웨이 왕을 겸하기도 했다. 그 업적 덕분에 블루베리류를 좋아한 치아 색에서 유래된 그의 별명은 현대 개인 근거리 무선 통신 기술 '블루투스'로 되살아났다. 그가 스칸디나비아를 통일한 것에 착안해 난립하던 무선 통신의 규격을 통합하려는 시도에서였다. 유명한 블루투스의 로고 또한 하랄드 블라톤 국왕 이름 앞 글자 H와 B의 북유럽 룬 문자를 결합한 모양이라고 한다.

토케의 화살에 의해 죽었다는 전승 내용을 포함해 하랄드 왕의 사망 장소에 대해서는 여러 설이 있지만, 이후 로스킬레 대성당에 유해가 안장되었다는 내용은 공통적이다. 그의 아들은 덴마크와 노르웨이뿐 아니라 잉글랜드까지 점령(1013년)해 덴마크 북해 제국을 건설하는 스베인 1세다.

이와 같이 《데인인의 사적》에서 등장한 북유럽 신화 속 궁사의 사과 사격 모티브는 유사한 형태의 작품이나 관습들과 함께 유럽 전역에 전해진다. 호메로스의 작품 속에서 거지로 변신한 오디세우스가 화살을 12개의 도끼 구멍에 통과시켜 다시 왕의 자리에 오른 것과 같은 고대의 '왕위를 이을 자의 활 사격', 또는 '소년의 머리 위에 놓인 반지를 화살로 적중'시켜야 하는 시험, 그리고 '머리 위에 놓인 사과 혹은 아들의 모자에 놓여 있는 동전을 맞혀야 하는' 중세 유럽의 관습 등처럼 말이다.

스위스에서 이 같은 모티브는 빌헬름 텔의 전승을 출현시켰다. 텔에 관한 전승을 최종 형태로 거의 확정 지은 인물인 16세기 《스위스 연대기》를 쓴 에지디우스 추디에 따르면 '텔(Tell)'이라는 이름은 당시 쓰이던 '멍청이'라는 뜻의 '달레(dalle)'라는 단어와 연관이 있다고 한다. 《데인인의 사적》 속 토케가 의미하는 것과 비슷한 셈이다. 그렇다면 '전설' 속 인물에 가까운 텔은 어떻게 스위스의 '실제 역사'에서 투사이자 민족 해방자로 국민 영웅에 등극할 수 있었을까?

역사에 나선 스위스

 이탈리아, 독일, 프랑스, 오스트리아 등으로 둘러싸인 내륙국 스위스. 그 역사의 시작은 고대 헬베티아족에서 출발해야 한다. '헬베티아'는 현재 스위스의 국제적인 정식 명칭 '헬베티아연방'의 기원이다. 켈트족 일파인 헬베티아는 기원전 15세기경 남부 독일에서 남하해 스위스 중부 고원지대에 정착했는데, 이후 이들을 비롯한 갈리아족의 반목은 율리우스 카이사르의 그 유명한 '갈리아 원정'의 배경이 된다.

 카이사르는 현재의 북프랑스와 벨기에 지방, 대서양 연안까지 손에 넣으며 7년이라는 짧은 원정 동안 갈리아 전역을 장악한 뒤 로마의 속주로 만들었다. 이 전쟁으로 갈리아 전 지역이 로마 영토가 되었고, 카이사르는 세력을 키워 공화정을 넘어설 기반을 마련했다. 비록 황제정의 꿈을 이루지 못하고 브루투스 등 60

명이 넘는 공화파의 칼에 찔려 살해당할 운명이었지만.

　유럽 내륙이 로마 영토가 되자 이곳에는 그리스 및 로마 문화가 영향을 미치기 시작했다. 카이사르와의 전쟁에서 대패하고 로마의 지배하에 들어간 뒤 500여 년간 로마 통치를 받은 헬베티아도 마찬가지였다.

　서로마제국 멸망 후 등장한 프랑크왕국과 함께 유럽은 이후 '중세'라 이름 붙여질 시대로 돌입한다. 헬베티아는 6세기 프랑크왕국 일부로 편입되었다. 카롤루스 대제의 전성기를 지난 프랑크왕국이 9세기 중반 베르됭조약과 메르센조약으로 분열된 뒤 프랑스에서는 카페 가문이 왕조를 이어가기 시작(987년)했다. 이에 비해 현재 스위스, 독일, 이탈리아, 오스트리아가 위치한 중부 유럽에서는 합스부르크 가문이 세력을 떨친다. 합스부르크는 1273년부터 신성로마제국 황제를 배출할 유럽의 대표적인 가문으로 주로 오스트리아를 통치했다. 당시 헬베티아는 독일, 이탈리아, 보헤미아와 함께 신성로마제국 치하로 들어간 아를왕국의 일부였다. 산악 지대의 특성상 중앙으로부터 비교적 자유를 누려왔던 이들은 합스부르크가 세력을 넓히면서 자신들에게 억압적인 통치를 시작하자 투쟁을 벌였다.

　1240~1241년 당시 신성로마제국 황제는 독일 호엔슈타우펜 가문 출신의 프리드리히 2세였다. 그가 이탈리아 도시 라벤나 근처의 파엔차를 정복할 때 600명의 발트슈테테인이 황제를 도와 참전했는데, 발트슈테테는 대가로 스위스 역사상 최초의 '자유

서한'을 받는다. 합스부르크로부터 자유를 약속받는 데 성공한 것이다. 일명 '프리드리히 황제의 서한'이라고 불리는 자유 서한을 통해 자유와 자치권을 인정받은 주가 탄생했고, 이곳이 빌헬름 텔의 고향으로 알려진 우리 주(州)다. 이후 슈비츠 주와 울터발덴 주도 합스부르크의 지배에서 벗어났다. 네덜란드를 홀란트 주의 이름을 따 부르기도 하는 것처럼 슈비츠 주 이름에서 '스위스'라는 국명이 유래된다.

하지만 오스트리아로부터 자유를 얻은 기쁨도 잠시였다. 호엔슈타우펜 왕조의 단절로 신성로마제국의 황제 자리가 공석이 되는 대공위시대(1254~1273년)가 시작된다. 합스부르크는 혼란 중에 스위스의 자유 약속을 얻은 주들을 공격했고 다시금 지배자로 군림한다. 극렬한 공포정치로 자유와 독립을 요구하는 이들을 핍박했음에도 불구하고 자유 3주에서 모인 사람들은 동맹을 체결한다. 우리, 슈비츠, 운터발덴이 뤼트리에서 원형 칸톤을 형성하며 합스부르크 왕가의 영토 확장 요구에 공동으로 대항하기로 한 것이다. 사법과 행정의 자치권 보호를 외치며 형제애와 혈맹으로 서약을 맺었는데, 이것이 제1차 스위스 동맹의 시초다(1291년). 이후 1332년부터 1513년까지 10개 주가 스위스 동맹에 가입하며 국가를 형성한다.

빌헬름 텔,
영웅이 되기까지

　빌헬름 텔의 사과가 등장하는 지점이 여기다. 사과 사격 내러티브는 주로 최초 동맹 체결과 함께 일어난 사건으로 그려지곤 하기 때문이다. 하지만 텔이 사과를 쏜 날은 1307년 11월 19일 월요일로, 동맹의 결성과 사과를 쏜 날짜 사이에 차이가 나는 모순 때문에 논란이 있다. 물론 사실성이 매우 의심되는 정황상 사과를 쏜 구체적인 날짜까지 정해져 있는 것이 더 놀라운 일이기는 하지만.

　이는 전설 속 이야기가 수 세기 동안 전승되며 실제 역사와 결합하는 과정에서 일어나는 피치 못할 결과일지도 모른다. 오늘날 '단군왕검에 의한 기원전 2333년 10월 3일 고조선 건국' 기념은 사실 자체보다 민족적·역사적 상징성을 기리는 데 가까운 것과 마찬가지 맥락이라고 할 것이다. 텔과 관련된 '실제' 역사적

'사실'은 합스부르크 왕가가 스위스에 파견한 태수를 1271년 우른 호숫가 텔렌플라테에서 매복해 기다렸다가 화살로 쏘아 죽인 한 시골 사람의 이야기라고 한다.

텔에 관한 전승은 14세기 스위스 한 민요에서 가장 오래된 초안을 찾을 수 있는데, '연대기' 같은 기록 중에서는 1470년경 자르넨 지방의 《백서》가 텔 전승을 처음 선보이는 작품이다. 여기에서 뛰어난 궁수 텔의 이야기는 단지 반란 사건에 동반된 에피소드로만 묘사된다. 다른 이야기와 함께 봉기를 촉발하는 하나의 일화로만 소개되고, 텔의 아들 또한 어린아이로만 언급될 뿐 성별은 불명확하다.

그러나 1501년 사본이 나온 《동맹의 노래》에서 보이는 텔의 이야기는 달라져 있다. 《동맹의 노래》는 원래 1476~1477년 벌어졌던 부르고뉴 전쟁 중에 구두로 전해졌다. 부르고뉴 전쟁은 스위스가 부르고뉴공국의 '용감한 샤를'을 상대로 벌인 2년간의 전쟁이다. 영국과의 백년전쟁에서 승리를 거둔 뒤 왕권 강화의 일로에 서 있던 프랑스가 스위스와 부르고뉴를 견제하기 위해 꾸민 계책으로 벌어졌다. 스위스는 프랑스의 예상과 달리 부르고뉴를 상대로 대승을 거두었고, 이는 스위스인의 애국심을 크게 고양한다. 첫 부분에 텔의 이야기를 소개하는 《동맹의 노래》는 이 와중에 등장한다.

여기에서 텔은 《백서》에서와 달리 한 일화 속 인물에 그치지 않고, 해방의 주요 인물이자 동맹의 창시자로 칭송되고 있다. 사과 내러티브의 중심인 아들도 명시적으로 언급하면서. 이런 관점의 텔 이야기는 1507년경 첫 인쇄된 《루체른 연대기》 등으로도 이어진다.

대대로 내려오던 텔에 관한 전승을 최종 형태로 거의 확정지은 인물이 에지디우스 추디다. 그는 스위스의 1001년부터 1470년까지 역사를 다룬 《스위스 연대기》(1550년경)에서 첫 동맹 결성을 1307년으로 기록했다. 때문에 텔의 사과 사격 사건은 그해 가을에 발생한 사건으로 '결정'되었다. 이후 스위스 역사에 관한 연구가 진행됨에 따라 1차 동맹 결성이 1291년으로 소급되었고, 텔의 이야기는 전설과 역사 사이에 선다.

하지만 《스위스 연대기》는 기본적으로 역사적 사실에 충실을 기하고자 한 '역사서'였다. 그래서 텔의 이야기는 《백서》에서와 같이 동맹의 창설자가 아닌 하나의 일화로만 다루어졌다. 그리고 이는 200년 뒤 나폴레옹에 의해 베스트팔렌 왕국 교육 장관이 되는 스위스 역사가 요하네스 폰 뮐러의 고전 《스위스 연방사》에도 그대로 이어진다.

한편 16세기 스위스에서는 이 같은 역사에서의 움직임과는 다른 결로 텔을 기억하고자 하는 움직임 또한 활발하게 일어났는데, 이는 당시 유럽의 분위기와 궤를 같이했다. 유럽에서 15~16세기는 '르네상스'와 '종교개혁'이 유럽인을 '근대'라는 새로운 세계로 이행시키고 있던 격변기였다. 이탈리아 도시국가에서 시작된 르네상스는 알프스를 넘어 유럽 각지로 전파되었고, 신성로마제국과 프랑스, 네덜란드 및 영국 등지로 퍼지며 종교개혁을 준비하는 사상 및 사회 개혁 운동으로 변화되었다. 그 과정에서 초기 순수한 기독교 신앙으로 돌아가자는 운동과 함께 국가와 민족의 기원을 밝히고자 하는 분위기가 형성되었다.

이에 유럽 각국에서는 성경의 자국어(중세 시대 속어라고 불리던) 번역 작업과 함께 문학작품도 라틴어가 아닌 모국어로 저술하면서 '국민문학'이라 불릴 작품을 쓰는 작가들이 활동한다. 예컨대 《돈키호테》를 쓴 에스파냐의 미겔 데 세르반테스와 같은 인물들 말이다. 세르반테스는 1616년 4월 23일 영국의 셰익스피어와 같은 날 사망하며 대표적인 국민 문학가로서 삶을 마감했다. 4월 23일이 유네스코에 의해 '세계 책의 날'로 지정된 것은 이 때문이다.

르네상스의 전파 경로에 위치하면서 오스트리아 지배를 받던 알프스산맥의 작은 국가에서도 15세기는 민족 발상지에 관한 관심이 깨어난 시기였다. 당시 유럽 민족들의 북유럽 기원설이 급속하게 발전해 정착되면서 북유럽 신화가 각색, 전파되었듯이 스위스에서도 마찬가지 현상이 나타나고 있었다. 게다가 16세기 종교개혁가 울리히 츠빙글리의 영향으로 인문주의와 국민적 자각이 급격하게 일어난 터였다. 그에 따라 세속적이고 정치적이며 애국적인 연극이 성행했는데, 그 과정에서 스위스 동맹의 창설과 텔의 전설이 국민적 영웅 이야기로 형성되며 추앙되기 시작한다. 〈우리 주의 텔〉(1511년경), 〈노소(老少)의 스위스 동맹자들〉(1513년경)과 같은 교훈극이 등장하면서 말이다.

텔을 주인공으로 하는 극 작품들이 등장하면서 한 에피소드의 인물에 지나지 않던 텔은 최초의 《백서》나 역사서 《스위스 연대기》에서와 달리 멜히탈, 슈타우파허와 함께 동맹의 창시자로 나오기 시작했다. 더 나아가 텔은 점차 스위스 민중의 해방자이자 투사, 영웅으로 격상되기에 이르렀고, 이에 따라 사과 사격 내러티브도 스위스 독립운동에서 핵심적인 위치를 차지하는 서사가 되었다.

그러나 텔의 전승이 완결되며 유럽과 전 세계를 뒤흔든 것은 이 시절 스위스 자체에서 비롯되지 않았다. 16세기에서 근 300여 년 가까이 지난 1800년대 초, 유럽 전역이 프랑스혁명이 일으킨 엄청난 격변의 소용돌이에 휘말리고 있던 무렵, 독일 역사가이자 작가인 요한 크리스토프 프리드리히 폰 실러가 쓴 희곡 〈빌헬름 텔〉이 그 주인공이었다.

프리드리히 실러와 〈빌헬름 텔〉

나폴레옹 보나파르트가 황제로 즉위한 1804년, 독일 바이마르 궁정극장은 그해 3월 17일 실러의 〈빌헬름 텔〉을 처음으로 무대에 올렸다. 5시간 넘게 이어진 공연의 감독은 괴테였다. 《젊은 베르테르의 슬픔》, 《파우스트》를 쓴 그 괴테 말이다. 관객들의 반응은 뜨거웠고, 6월 베를린 왕립극장 공연 후 더 큰 성공으로 이어진다.

사실 〈빌헬름 텔〉 공연은 장면 삭제나 공연 금지 등과 같은 권력의 개입을 겪기도 했다. 외세에 의해 임명된 태수의 폭정에 대한 민중 봉기라는 주제뿐 아니라 폭군 암살이나 합스부르크 가문에 대한 부정적인 언급 등 당시 정치적으로 민감한 문제들을 다루고 있었기 때문이다. 그래서 첫 공연부터 이미 정치적 논란의 중심이자 검열의 대상이 되어 있었다. 그럼에도 열광은 끊이지 않았고, 결과적으로 독일 연극사상 가장 성공한 작품 중 하나가 된다.

〈빌헬름 텔〉은 실러가 전 생애 동안 쓴 9편의 희곡 중 마지막이자 유일하게 비극으로 끝나지 않는 작품이다. '자유'의 문제를 가장 잘 표현했다고 인정받으면서 학생의 필독서나 일반인의 교양서가 되었고, 작품 속의 수많은 대사는 독일어권의 속담이 되었다. 영어, 프랑스어, 덴마크어, 이탈리아어 등으로 번역되어 국제적으로도 알려지는데, 그 완벽함 때문에 19세기 말까지 다른 작가들이 감히 새로운 텔을 내놓을 수 없을 정도였다.

사실 실러는 이 작품을 쓸 생각이 없었다고 한다. 1789년, 후에 아내가 될 렝게펠트가 역사책에서 스위스 봉기를 읽고 열광적인 편지를 보냈지만, 그의 첫 반응은 냉담 그 자체였다. 전환점은 괴테로부터 시작되었다. 1779년 카를학교 시상식에서 처음 만난 둘은 1794년부터 유대관계가 시작되었고, 실러가 사망할 때까지 친밀한 관계를 유지했다. 1797년 10월, 스위스 여행 중이던 괴테는 발트슈테텐의 여러 주를 돌아보고 텔의 무용담을 실러에게 편지로 써 보낸다. 텔에 대한 작품을 쓰겠다고 한 괴테의 의도는 실현될 것 같았으나, 그가 서사시 〈아킬레스〉 집필을 결정하면서 결국 포기했고, 실러도 잊어버렸다.

그런데 생각하지도 못한 일이 벌어졌다. 실러가 텔에 관한 희곡을 쓴다는 소문이 1801년경부터 무성해진 것이다. 심지어 베를린과 함부르크에서 이에 대해 문의할 정도였다. 실러는 결국 괴테에게서 아이디어를 받고 집필할 것을 결정한다. 한 번도 독일 국경을 드나든 적이 없던 그였기에, 괴테의 여행담과 책에 기재된 사항만을 참고해 작품을 써야 했다. 그는 괴테로부터 생생한 견문을 들으며 알프스 지방의 역사적 현실과 특유의 풍토를 알기 위해 공부했다. 《스위스 연대기》와 《스위스 연방사》 등 역사를 연구했고, 발트슈테텐과 주변 각 주의 정확한 지도를 구해 파고들었다. 1803년 여름 본격적으로 집필에 착수한 실러는 다음 해인 1804년 2월 18일 자신의 비망록에 "〈빌헬름 텔〉을 끝냈다."라고 쓸 수 있었다.

당시 텔의 전승은 유럽에서도 대중적인 인기를 누리고 있었는데, 이는 스위스를 비롯한 유럽의 정치적인 상황과 연관이 있다. 스위스는 유럽의 대규모 종교 전쟁인 30년전쟁에서 중립을 선언했고, 덕분에 영토가 짓밟히는 것을 피할 수 있었다. 이는 매우 현명한 선택이었는데, 전쟁 결과 폐허가 된 독일이 파멸적인 쇠퇴를 겪어 1870년대 부흥할 때까지 근 200년 이상의 시간이 필요했던 것을 보면 알 수 있다. 스위스는 심지어 30년전쟁 종결 결과 체결된 베스트팔렌조약을 통해 네덜란드와 함께 각각 에스파냐와 오스트리아의 합스부르크로부터 완전한 독립을 쟁취해 냈다. 그 이후부터 18세기 당시까지 스위스는 공화주의적인 자유와 도덕이 연상되는 평화로운 나라로 여겨지고 있었다.

150년 이상의 치열한 싸움 끝에 스위스가 쟁취한 자유와 독립을 깨뜨린 것은 나폴레옹 보나파르트의 침략이었다. 1789년 프랑스혁명 이후 유럽에서 혁명전쟁이 발발하자 스위스는 역시 중립을 선언했고 프랑스도 이를 인정했다. 그러나 스위스에도 '자유, 평등, 박애'의 혁명 정신이 퍼지기 시작하면서, 이를 탄압하는 권력도 출현한다. 혁명 세력에 대한 지원을 빌미로 결국 프랑스는 스위스를 침략했고, 3개월 만에 저항을 무너뜨린 보나파르트의 프랑스는 헬베티아공화국을 수립했다(1798년).

이런 와중에 텔의 전승은 정치적인 의미를 띤 채 유럽에서 주목받고 있었다. 특히 혁명 후 프랑스에서는 우상으로 숭배될 정도였다. 프랑스 국민공회는 1793년 '혁명의 명예로운 사건들 그리고 자유 수호자의 덕을 표현한 브루투스 비극과 빌헬름 텔 연극'을 매주 세 번씩 공연할 것을 결정했다. 의회의 연설이나 발표에서도 텔은 혁명의 전설적인 선조로 자주 언급되었다. 거리 행렬에서도 텔 분장을 한 사람은 환호에 휩싸였고, 무수한 지명과 신생아의 이름이 빌헬름 텔을 따라 명명되었다. 텔은 또한 헬베티아공화국의 상징적 인물이 되어 모든 공문에 그의 형상이 인쇄될 정도였다.

나폴레옹전쟁의 직접적인 위협을 받고 있던 독일에서도 텔 이야기는 자유와 민중성이라는 면에서 힘을 얻고 있었다. 이런 상황에서 실러 또한 텔의 '자유'에 매료되었다. 신학교에 진학하려 했다가 영주의 명령으로 청소년 시절을 감옥 같은 군사학교에서 보낸 뒤 '자유의 시인'이 된 그였다. 이 때문에 중병을 자주 앓아 병약했던 그의 마지막 작품이 〈빌헬름 텔〉이 된 것은 우연이 아닐 것이다. 억압받는 국민의 자유 회복, 그리고 그들이 만드는 이상향을 노래한 실러의 작품은 그의 생애 마지막 손끝에서 장엄하고 아름답게 피어났다.

막이 열리면 늦가을의 화창한 햇살로 빛나는 피어발트슈테테 호수와 주변의 푸른 초원지대, 하켄 산을 비롯해 만년설로 덮인 산들로 둘러싸인 평화롭고 목가적인 풍경이 펼쳐진다. 어부의 아들이 작은 배를 타고 노래하면 목부과 사냥꾼이 변주곡으로 화답한다.

1막, 이전의 평화로운 풍경은 기병들의 추적을 받는 콘라트 바움가르텐이 달려오면서 깨진다. 그는 가택을 침입해 아내를 모욕하려 한 로스베르크의 성주 볼펜쉬센을 살해했다. 화창하던 가을 날씨는 폭풍우를 동반한 악천후로 급변한다. 어부 루오디는 바움가르텐을 호수 건너편으로 건너게 해달라는 요청을 거절했지만 용감한 텔은 생명의 위험을 무릅쓰고 도와준다.

한편 슈비츠의 주민인 슈타우파허는 퀴스타흐트 성의 성주가 자기 집에 눈독을 들이자 위협을 받고, 우리 주의 주민은 자신들을 가둘 감옥을 짓는 공사의 부역을 강요당한다. 알트도르프 광장에서는 태수 게슬러가 장대에 모자를 걸어 놓고, 행인들에게 쓰던 모자를 벗고 무릎을 꿇어 인사해 복종심을 보이라고 명령한다. 소를 빼앗아 가려는 란덴베르거 태수의 하인을 때린 뒤 피신 중이던 운터발덴 주 자르넨의 멜히탈은 태수가 자기 아버지의 눈을 뺐다는 소식을 듣는다.

2막의 배경은 아팅하우젠 남작의 저택이다. 남작은 조카 울리히 폰 루덴츠와 언쟁을 벌이는데, 그가 사랑하는 베르타 때문에 조국을 등지고 합스부르크와 가까이하려고 했기 때문이다. 분열하는 귀족사회와 달리 우리, 슈비츠, 운터발덴 3주 주민의 대표들은 호수와 하얀 빙하가 달빛을 받아 빛나는 한밤중 뤼틀리에 모인다. 그들은 "우리의 뜻은 형제들로 맺어진 하나의 민중이 되는 것이다! 어떤 곤경과 위험이 와도 분열되지 않는다! 우리는 선조들처럼 자유를 원한다!"라며 동맹을 맺는다.

3막과 4막에서는 귀족인 베르타와 루덴츠가 합스부르크에 대항할 뜻을 모은다. 그리고 텔은 "모자가 우리와 무슨 상관이냐?"라며 아들 발터와 함께 태수의 모자가 걸린 장대 옆을 지나가다가 붙잡힌다. 게슬러가 등장하자 텔은 태수를 무시해서가 아닌 부주의 때문이었다고, 분별력이 있었다면 자신의 이름이 텔이 아니었을 것이라며 선처를 호소한다. 100보나 떨어진 나무에 있는 사과도 아버지는 맞출 수 있다는 발터의 말에 게슬러는 80보 떨어진 아들의 머리에 놓인 사과를 쏘아 너 자신을 구해보라는 조롱 섞인 명령을 내린다. 텔은 보리수나무 아래에 선 발터의 머리에 놓인 사과를 맞추는 데 성공했지만, 실패할 경우 태수를 죽이기 위해 화살 한 개를 더 준비한 이유로 체포되고 결국 게슬러를 살해하기에 이른다.

5막에서 민중과 귀족들은 힘을 모아 태수의 성을 무너뜨린다. 집으로 돌아온 텔은 황족인 친족을 살해하고 도망친 파리치다와 대화한다. 태수를 살해한 자신의 정당방위와 개인적인 복수심에서 비롯된 친족 살해의 차이점을 설명한 그는 파리치다에게 속죄의 길을 가라고 권한다. 스위스의 해방과 자유를 자축하는 사람들이 텔의 집 앞에 몰려들어 구원자로서 텔을 칭송하고 환호를 보낸다. 베르타 또한 자유로운 스위스 시민의 일원으로 받아들여지고, 루덴츠가 모든 하인에게 자유를 선포하면서 막이 내린다.

프랑스혁명과 텔의 사과

　1789년 프랑스혁명은 유럽의 18세기를 '혁명의 시대'로 결정지은 역사적 사건 중 하나였다. 다른 국가에서와 마찬가지로 독일 지식층에도 혁명은 충격이었다. 물론 괴테처럼 애초부터 혁명에 부정적인 시각을 가진 인물도 있었지만, 지식층은 대부분 처음에는 혁명 발발에 열광적인 지지를 표명했다. 하지만 1793년 1월 21일 오전 10시 22분 한때 루이 16세였던 루이 카페의 목 위에 기요틴의 칼날이 떨어지고, 그해 9월부터 시작된 '공포정치' 시기 프랑스 곳곳에서 끔찍한 학살이 자행되면서, 이들의 환영은 경악과 혐오로 급변한다.

　실러도 혁명이 발발한 순간을 인간의 진보, 즉 역사의 발전이 이루어진 것으로 보고 환영한 인물 중 하나였다. 하지만 점차 폭력과 독재로 변질되는 것에 혐오감을 느낀 그는 다른 이들과 마찬가지로 혁명에 대한 옹호를 철회한다. 그는 혁명의 정당성을 심사숙고하는 과정에 돌입했고, 그 결과 인간의 진정한 행복은 정치적 자유가 아닌 정신적 자유에 있다고 여긴다. 그에 따르면 진정한 자유 상태에 이르려면 외형적인 국가체계보다 인간의 내면적 성숙이 먼저 필요한데, 이는 유혈이나 폭력이 아닌 교육으로써 도달할 수 있었다.

실러는 혁명이 내건 자유 원칙에 걸맞을 정도로 프랑스인들이 성숙하지 못했기에 혁명이 무질서와 폭력으로 변질되었다고 보았다. 실러를 비롯한 동시대 유럽인의 이 같은 진지한 성찰은 〈빌헬름 텔〉에 고스란히 반영되었다. 프랑스혁명의 과도한 폭력성에 대한 비판으로부터 나온 '진정한 저항과 자유'의 의미, 그리고 '시민의식의 성장'에 관한 성찰 말이다.

텔의 전승을 소재로 스위스인의 독특한 역사와 민족성에 맞춰 사건을 전개한 실러는 이런 깊은 고민의 결과를 작품 속에 녹여냈다. 작품 내 등장인물들이 자연과 역사, 자유와 독재, 개혁과 보수, 신세대와 구세대, 그리고 피지배계급과 지배계급 등 모순과 대립 속에 놓인 이유다. 또 행동하기에 앞서 내적인 고민의 과정을 거치는 까닭이기도 하다. 게슬러를 살해하기 전에 장황할 정도로 길게 이어지는 텔의 독백이 그 단적인 예다. 그리고 종국에는 폭력이 아닌 평화적인 방법으로 조화와 균형을 되찾는다. 프랑스혁명에 실망한 실러는 자신의 이상적인 혁명을 이 모든 과정으로 노래한다.

〈빌헬름 텔〉 곳곳에는 프랑스혁명을 연상시키는 장치들이 있다. 예컨대 쯔빙 우리 파괴 장면은 바스티유감옥 습격을 떠오르게 한다. 갈등의 직접적인 원인을 제공하는 '장대에 걸린 모자'도 프랑스혁명의 빨간 모자(보네 루즈)를 연상시킨다.

일명 '프리지아 모자'라 불리는 빨간 모자는 사실 유럽에서 유구한 역사를 자랑한다. 결정적인 상징성은 로마 시대에 부여되는데, 성탄절 무렵 전통 축제 사투르날리아에 써서 산타클로스 모자의 기원이 되기도 하는 모자에 '자유'가 덧씌워진 것이다. 이는 로마 공화정 후반기 해방된 노예, 즉 자유민의 상징이 되면서부터다. 거기에 브루투스 등 공화정 옹호자들이 카이사르 암살 이후 독재의 종말과 공화정에 복귀하는 표시로 사용했다. 프리지아 모자가 '자유'와 '공화정'의 상징이 된 이유다. 프랑스혁명에서는 주교의 빨간 모자와 귀족의 가발을 조롱하는 수단으로 민중을 결집하는 매개체가 되었다. 특히 자유를 의인화한 로마 여신 리베르타스의 창(장대)에 걸려 나타나곤 했다. 프랑스혁명 정신과 공화국의 알레고리를 상징하는 그 유명한 '마리안느'도 거의 이 모자를 쓴 채 작품 속에 등장한다.

1792년 8월 말 모젤강을 따라 국경지대를 지나던 괴테의 눈에 들어온 '자유의 나무'에는 꼭대기에 삼색휘장을 단 빨간 모자가 걸려 있었다. 그리고 사람 눈높이 위치에 '나그네여, 이곳은 자유의 땅입니다.'라는 팻말이 부착되어 있었다고 한다. 기록으로 남지 않았으니 확실하지는 않지만, 괴테가 실러에게 준 텔에 대한 영감을 생각하면 맥락은 유추할 수 있을 듯싶다. 〈빌헬름 텔〉 속 게슬러의 모자는 전제정치의 상징처럼 보이지만, 마지막 장면에서 민중들이 자유를 쟁취한 후 모자를 흔듦으로써 자유의 상징으로 변화하기 때문이다. 그러나 이 모든 상징적 의미에도 불구하고 모자의 가장 중요한 역할은 '사과 사격'이라는 텔 이야기의 결정적인 장면에 도화선이 된 점이었다.

사과 사격 사건은 게슬러 등 태수의 폭정으로 인한 긴장이 최고조에 달하는, 극에서 핵심이 되는 장면이다. 그뿐 아니라 서로 다른 길을 가던 민중과 텔을 하나로 뭉치게 하는 계기도 제공한다. 〈빌헬름 텔〉은 2개의 서사로 구성되는데, 억압받던 스위스 민중이 자신들의 옛 자유와 권리를 되찾기 위해 뤼틀리 동맹을 결성하는 움직임이 하나다. 그리고 동맹과 관계없이 순수하게 자연인으로만 살기를 원하던 텔이 어쩔 수 없이 아들의 머리에 활을 쏘아야 하는 극한 상황에 직면하는 사건이 다른 하나다.

이 두 서사는 다양한 갈등 관계를 표출하며 전개된다. 멜히탈이 주도하는 신세대는 불같은 복수심과 개혁의 열정으로 즉각 혁명을 일으킬 것을 주장한다. 슈타우프파허는 복수심보다 신중함으로 혁명을 말한다. 구세대의 상징 발터 퓌르스트는 보수적인 성향을 띠며 혁명의 날을 연기한다. 게다가 루덴츠는 스위스인이 지녀온 귀족과 평민 사이의 부자(父子) 관계 같은 연결고리를 깨고 엄격한 신분 차이를 주장한다. 오스트리아의 압제가 그랬던 것처럼. 이는 평민과 친밀하게 지내려는 아우팅하우젠 남작에 대한 비난으로 이어진다.

텔도 갈등을 조장하기는 마찬가지였다. 모자에 절을 하라는 명령을 들은 슈타우파허가 텔에게 행동에 나서자고 했지만 "지금 해야 할 유일한 행동이란 인내와 침묵뿐"이라며, "백성들이 동요하지 않으면 그들도 저절로 지치고 말 것"이라고 반응한다. 단결하면 큰일을 할 수 있다는 슈타우파허의 말에 강자는 혼자일 때 제일 큰 힘을 발휘한다며 호응하지 않는다. 하지만 실러는 이에 덧붙여 텔이 "조국이 절망적으로 정당방위를 해야 할 상황이 오면 빠지지 않을 것"이라고 대답하게 해, 텔에게 정당방위가 필요한 사건이 다가옴을 암시해준다. 그리고 그 사건이 다가왔다.

사과 사격 사건은 모든 갈등의 정점이었다. 그러면서 해결 양상으로 돌입하는 지점이었다. 사실 사과를 쏘는 것은 텔이 그렇게도 피하고 싶던 폭력을 쓰는 행위였다. 자연인으로서 인내와 침묵을 유지하며 혁명에 가담하기를 원하지 않던 그의 신념을 깨뜨리는 행동 말이다. 하지만 한편으로는 텔이 말한 정당방위의 조건이 되기도 했다. 사과를 쏜다는 것, 즉 아들을 향해 활을 쏜다는 것은 자신이 지켜야 할 인간성을 범하는 것이었기 때문이다. 이는 가족을 보호해야 하는 아버지로서 의무를 무너뜨리라는, 즉 신(神)이 준 부자간의 질서를 붕괴시키라는 것을 의미했기에 그런 폭력에 저항하는 행위는 텔에게 정당방위였다. 이제 텔의 저항은 정당성을 얻는다. 저항에 가담할 수 있게 된 것이다.

더 나아가 텔은 게슬러 살해를 결심하는데, 역시 근거가 된 정당방위는 파리치다와 대조를 통해 옹호된다. 파리치다는 재물과 권력에 대한 욕심으로 친족 및 황제 살해라는 이중 죄를 지은 것이지만, 텔은 가장으로서 가정의 행복과 안전을 지키기 위함이었다고 말이다. 실러는 텔을 통해 폭력은 신성한 자연 질서나 자연법을 지키기 위할 때만 최소한으로 허용된다고 주장하고 싶었던 것일지도 모른다.

서로 다른 입장을 가졌던 민중과 텔은 결국 사과를 쏘는 사건으로 하나가 되었고, 자유를 찾기 위한 혁명으로 이어지며 결국 쟁취해낸다. 이로써 텔에게 '텔의 구원 또는 모든 사람의 구원'을 위해 사과를 쏘라고 한 게슬러의 표현은 맞는 말이 된 셈이다. 사과를 쏨으로써 자신이 가지고 있던 비폭력에 대한 신념과 자연적 질서는 깨져버렸지만, 그래서 게슬러 살해까지 치닫지만, 그 덕분에 민중은 비폭력을 견지하면서 혁명에 성공할 수 있었기 때문이다. 그리고 위대한 혁명의 순간이 지나자 텔 또한 사과를 쏜 석궁을 가두는데, 이로써 더 큰 폭력은 허용되지 않음을 강변한다.

실러는 프랑스혁명에 반발했음에도 〈빌헬름 텔〉의 혁명은 성공시킨다. 이는 무너진 자연 질서의 회복, 예컨대 아버지와 아들의 관계와 같은 질서를 다시 세움으로써 진정한 자유, 평등, 박애를 실현하기 위한 혁명으로, 프랑스의 그것과 다르다고 여겼기 때문이다. 프랑스혁명에서 루이 16세의 목을 벤 사건이 가정에서 아버지를 제거한 것과 같이 여겨진 상징성을 고려해본다면 수긍이 가는 결말이다. 더욱이 유혈 없는 혁명을 이상적으로 본 실러의 시각은 극의 마지막 멜히탈을 묘사한 부분에서 직접 표현된다. 그는 아버지의 눈을 멀게 한 사람을 칼로 죽이려 했으나 측은하게 여긴 아버지가 살려주라고 하자 순종한다. 발터 퓌르스트가 이를 듣고 말한다.

"순결한 승리를 피로 더럽히지 않은 건 실로 잘한 일이네!"

엘리시온과 〈합창교향곡〉

실러가 그린 〈빌헬름 텔〉 속 스위스인은 혁명을 통해 자유를 얻은 것만이 아니다. 폭력적인 방법을 사용하지 않고, 대립과 부조화를 넘어 균형과 조화를 이룬 이상향, 즉 낙원을 얻었다. 이는 루덴츠와 베르타의 대화에서 자연스럽게 표출된다. 베르타를 통해 다시금 조국에 대한 사랑을 되찾은 루덴츠는 "내 정신을 빼앗아 간 헛된 망상이여, 이제 사라져라. 나는 고향에서 행복을 찾을 것이다. 모든 샘물과 나무가 내게 생기를 불어넣어 주는 고향, 이 조국에서 당신은 나의 아내가 되려고 하는군요!"라며 감격한다. 이를 보면서 베르타는 말한다.

"이 무구한 땅이 아니라면 어디에서 축복받은 섬을 찾을 수 있을까요?"

'축복받은 섬'. 내륙 국가인 스위스를 섬이라 하다니 말도 안 되는 대사다. 그러나 이는 실러가 상징으로 사용한 것이다. 실러는 프랑스혁명 발발 전에 이미 송시 〈환희의 송가〉를 통해 모든 사람이 형제가 되는 이상향을 염원했다. 그가 꿈꾼 이상향은 그리스 신화 속 엘리시온(엘리시움)과 같았다.

> 환희여, 아름다운 신의 광채여
> 엘리시움의 딸들이여
> 우리는 정열에 취해
> 빛이 가득한 신의 성전으로 들어간다!
> 가혹한 현실이 갈라놓은 자들을
> 신비로운 그대의 힘으로 다시 결합시키고
> 모든 인간은 형제가 되노라
> 그대의 온화한 날개가 머무르는 곳에

실러와 비슷한 시대를 산 위대한 음악가 루트비히 판 베토벤은 1824년 실러의 〈환희의 송가〉에 곡을 붙였다. 이 곡이 들어간 교향곡 9번이 불후의 명작 〈합창교향곡〉이다. 베토벤은 이를 통해 전 세계 모든 인류가 손을 맞잡고 함께 부르는 화합의 합창이 울려 퍼지는 이상향의 실현을 고대했다. 실러처럼 말이다. 〈환희의 송가〉는 20세기 냉전 시기 동독과 서독의 단일팀 출전 때 단일국가로 연주되며 그 가치를 더욱 발했다. 결정적으로 1989년 베를린 장벽이 무너진 한 달 뒤인 12월 레너드 번스타인이 동베를린에서 연 축하 특별 콘서트에서 주 레파토리로 연주함으로써 그 상징성이 완성된다. 현재 유럽연합의 공식 상징 곡이기도 하다.

〈환희의 송가〉 속 엘리시온은 '축복받은 자들의 섬'으로도 불린다. 프랑스 대통령궁의 명칭 '엘리제'의 기원이기도 한 이곳은 에덴동산, 헤리페리데스들의 정원, 아틀란티스와 같이 모두가 꿈꾸는 이상향이자 낙원을 가리킨다. 차이점이 있다면 헤시오도스가 묘사했듯이 '영웅 중 위대한 업적을 남긴 자들이 죽은 후에 가는 곳'이다.

그리스 신화 속에는 메넬라오스가 트로이아 전쟁 후 귀향하다 프로테우스로부터 충고를 듣는 장면이 나온다. 프로테우스는 메넬라오스가 헬레네와 결혼함으로써 제우스의 사위가 된 만큼 죽지 않을 것이며 신들에 의해 낙원인 엘리시온 들판으로 옮겨질 것이라고 예언한다. 이를 들은 메넬라오스는 기쁨을 감추지 못한다.

실러는 자신의 이상향을 〈빌헬름 텔〉로나마 이룩하고 싶었을지도 모른다. 스위스를 '축복받은 섬'이라고 표현하면서. 강대국에 둘러싸인 채 견고하게 '중립'을 지키며 평화를 상징하는 국가가 되었기에 일부는 실현되었다고 할지 모르겠다. 실러의 극 전개에서 스위스 독립에 결정적인 역할을 한 텔의 사과는 저항의 표현이자 폭력의 상징이었지만, 결국 조화와 화합의 상징, 독립과 자유, 나아가 인류를 낙원으로 향하게 하는 것이었다고 한다면 과장된 시선일까? 그렇다 하더라도 12세기 덴마크에서 출발해 20세기 독일에 당도할 때까지 역사를 타고 흘러온 것을 보면 더없이 장한 역사적 사과가 아닐 수 없다.

4장

자연철학자의 은밀한 비밀

과학

●

'거인들'의 역사로 성장하고
'기적의 해'에 열린 '진리'
/

뉴턴 이후의 시대는 수학 및 과학 이론으로 '인간의 세계'를 밝혔다. 과학은 근대성의 핵심으로 자리 잡았으며 서양 문화를 구별해주는 중추로 성장했다. 더구나 과학적·기술적 권능은 제국의 팽창과 다른 민족의 정복을 돕고 합리화한 기제 가운데 중요한 하나가 되었다. 그런 의미에서 뉴턴의 사과는 인간 세상을 신으로부터 독립시킨 또 다른 선악과였다.

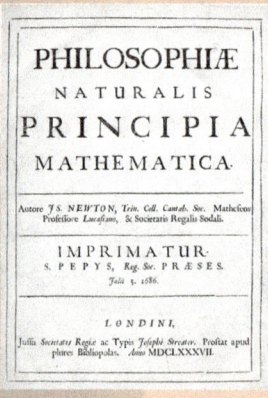

과학자 뉴턴 대 마법사 뉴턴

20세기 위대한 경제학자 존 메이너드 케인스는 뉴턴의 사적인 원고들을 통독한 최초의 인물 가운데 한 사람이다. 그는 뉴턴 탄생 300주년을 맞아 '영국의 국가적 영광, 뉴턴'을 재평가했다. 뉴턴이 1696년 케임브리지를 떠날 때 꾸렸던 상자 내용물을 본 사람이라면 그를 새롭게 평가할 것이라며.

18세기와 그 이래로 뉴턴은 최초의 가장 위대한 근대 과학자이며 우리에게 냉철하고 무결한 이성에 따라 사고하도록 가르친 합리주의자로 생각되었다. 그러나 나는 그를 그렇게 보지 않는다. 뉴턴은 이성의 시대 최초의 인물이 아니었다. 그는 마지막 마법사였고, 마지막 바빌로니아인이자 수메르인이며, 1만 년 남짓 전에 우리의 지적 유산을 건설하기 시작했던 사람과 똑같은 눈으로 지적 세계를 바라본 최후의 위대한 정신이었다.

'인류 최고의 천재', '뉴턴주의자', '고전역학의 확립' 등등 수많은 수학 및 과학적 업적과 관련된 수식어구가 익숙한 아이작 뉴턴에 대한 이런 평가는 의미심장하다. 뉴턴에 얽힌 유명한 이미지와 일화들은 어쩌면 밝히지 않기로 '결정된' 그의 광대한 연구 성과가 그렇듯 후세에 의해 선택받은 것일지도 모른다는 합리적 의심을 불러일으키기 때문이다. 단연 빛을 발하는 만유인력의 법칙 발견과 그 한복판에 자리한 '사과' 에피소드 또한 마찬가지다.

진짜 벌어지지 않았고, 혹은 볼테르가 지나가는 우스갯소리로 말한 내용이라 전해지기도 하지만, 결국 뉴턴에 의해 계속 사실이라고 강조되었다는 '뉴턴의 사과'. 당시 사과 자체의 중요함보다는 그 에피소드여야만 했던 이유가 있던 것은 아닐까? 그렇다면 그것은 르네상스 이래 18세기 혁명의 시대에까지 유럽의 지적 전통과 함께 뉴턴 개인의 삶이 씨줄과 날줄처럼 엮인 배경에서 출현했을 것이다.

'기적의 해'

 소(小)빙하기 절정기였던 17세기는 전 지구적으로 혼란한 시기였다. 16세기 이래 인구는 급증했지만 기후의 한랭화는 흉작으로 이어졌고 식량 사정은 극도로 악화했다. 영양 상태가 나빠지자 면역력이 떨어지면서 전염병이 유행했다. 이는 사회에 대한 불만, 지배 세력에 대한 반발과 궤를 함께하기 마련이다. 30년전쟁, 프롱드의 난, 네덜란드 독립전쟁, 마녀사냥, 오스만제국 내의 반란, 러시아 대기근, 스텐카 라진의 난, 이자성의 난, 시마바라의 난, 조선의 호란과 경신 대기근 등. 역사학자들이 '17세기의 위기'라고 일컫는 것도 과언은 아니다.

 뉴턴의 잉글랜드도 마찬가지였다. 일명 '청교도혁명'이라는 내란의 소용돌이를 겪고 왕정복고가 이루어진 지 갓 5년 된 1665년. 그해 여름 런던을 위시한 잉글랜드 많은 지역에 재난이 닥쳤다. 흑사병(페스트)의 창궐이었다. 케임브리지대학 엠마누엘 칼리지의 '전지전능한 신께서는 당신의 정의와 진노로 말미암아 흑사병의 재난이 케임브리지 마을을 엄습함을 기뻐하시었다.'라는 기록은 불어 닥친 재앙에 대한 당대의 시각을 보여준다.

쥐의 몸에 사는 벼룩이 사람들을 전염시키는 것이라 추측만 할 뿐 백신이나 치료제는커녕 원인조차 정확하게 밝혀내지 못한 시기였다. 당시 런던 거리는 늘어난 사람들로 북적이고 지저분했으며 목조 건물은 붙어 있어 쥐가 번식하기 안성맞춤이었다. 갑자기 런던 시민 수천 명이 한꺼번에 발병했다. 옮지 않도록 조심하는 것만이 유일한 방법이었다. 병에 걸린 사람은 집안에 감금되었고, 대문에는 붉고 커다란 십자가가 표시되었다. 관리들은 창문을 통해 격리된 자들에게 음식을 넣어주었다.

9월 1일 시 정부는 스터브리지 박람회를 취소하고 모든 대중 집회를 금지했다. 10월 10일 대학평의원회는 세인트 배리 교회의 설교와 공립학교의 수업을 중단했다. 8월 이전 학생들 상당수가 이미 피신해, 뉴턴이 속해 있던 케임브리지대학은 거의 공동화가 되었다. 사망자가 보고되지 않는 상태가 6주 정도 지속된 이듬해 3월 중순, 대학은 연구원과 학생들의 귀환을 권고했다. 그러나 6월 대재앙은 아직 끝나지 않았음이 밝혀졌고 대학의 대피는 다시 시작된다. 1667년 봄에야 가까스로 정상을 되찾는데, 5만 명에 가까운 런던 시민들, 즉 런던 인구 6명 중 1명은 목숨을 잃은 뒤였다.

심지어 이 와중에 1666년 9월 2~7일 대화재가 발생한다. 목조 건물이 대부분이던 런던 시내에서였다. 화재는 그동안 자주 일어난 편이었지만 이 해는 그야말로 재앙이었다. 짚으로 이은 지붕에서 지붕으로 옮겨붙은 불은 손쓸 겨를도 없이 삽시간에 번져나갔다. 건조하고 바람이 부는 가운데 나흘 낮 나흘 밤 동안 계속되며 런던의 주요 건물과 세인트 폴 교회를 비롯한 80개가 넘는 교회를 잿더미로 만들었다.

수십만 명의 이재민을 낳은 1666년, 대화재였음에도 불길은 멈추었고, 런던은 죽지 않았으며, 찰스 2세는 도시를 개선, 재건할 프로젝트를 실시할 것이었기에 이를 '기적'이라고 표현한 사람도 있었다. 잉글랜드 왕정복고기의 대표적인 시인 존 드라이든이 그였다. 드라이든은 네덜란드와의 전쟁, 런던 대화재를 주제로 쓴 1,216행의 서사시 〈기적의 해〉를 이듬해 발표한다. 그리고 이를 뜻하는 라틴어 '아누스 미라빌리스'는 다른 의미로 뉴턴에게 적용되면서 유명한 표현이 된다.

1665년 뉴턴은 케임브리지대학 트리니티 칼리지에서 학위를 받았고, 그해 페스트로 학교가 문을 닫자 고향 울스소프로 내려간다. 학생 대부분은 개인지도 교수들과 함께 인근 마을로 옮겨가면서 학업을 계속했다. 그러나 뉴턴은 그때까지 줄곧 그래왔던 대로 지도교수에게 의존하지 않았고, 케임브리지에서 혼자 골몰해왔던 문제들과 계속 씨름할 예정이었다.

그는 위층 방의 덧문을 달아걸고 오로지 자신만의 조용한 공간을 만든 뒤 공부에 몰두했다. 흑사병과 천연두를 막아줄 것으로 믿어 올리브유, 장미 향수, 밀랍, 포도주와 테레빈유를 섞은 물약을 만들어 마셔가면서. 그는 때로는 오랫동안 산책하거나 사과나무를 주의 깊게 바라보며 정원에 앉아 골똘히 생각하곤 했는데, 이렇게 지적 탐구에 몰두한 1년 반의 생활은 그의 삶에서 가장 창조적인 순간들을 선물로 주었다. 후에 뉴턴은 "당시 나는 발견 시대의 최절정에 올라가 있었고, 이후의 어떤 때보다 더 열심히 수학과 철학(자연철학)에 몰두해 있었다."라고 회상했다.

뉴턴은 이 시기에 미적분에 관한 연구(그는 유율법이라 불렀다)를 완성하고, 빛이 입자라는 학설에 다가섰으며, 만유인력의 법칙을 밝혀낸다. 평생에 걸쳐 이룩할 미적분학, 광학, 역학 분야 업적의 근간이 되는 아이디어들이 이때 쏟아져 나온 것이다. 이 놀라운 세 가지 발견이 모두 같은 해에, 즉 24살의 뉴턴에게 일어났다고 해 과학사학자들은 1666년을 '기적의 해'라고 명명했다. 한 젊은이가 거의 혼자 힘으로, 한 세기 동안 쌓인 지적 업적을 소화한 뒤 유럽 수학과 과학의 최고 경지에 도달한 시간이었기 때문이다.

뉴턴과 사과

이 '기적의 해' 중심에 자리한 뉴턴과 사과 에피소드는 사실 여부를 두고 논란이 있다. 물론 뉴턴은 '사실'이라고 훗날 네 번이나 말했다고 한다. 약간씩 다르게 말하기는 했지만.

1666년 울즈소프에 있는 과수원의 한 사과나무 아래 졸고 있던 뉴턴의 머리 위로 떨어진 사과 하나. 몸이 흔들리며 뉴턴이 잠에서 깨어난다. 뉴턴은 생각한다 '왜 사과는 항상 아래로 떨어지는가? 왜 옆으로 떨어지거나 위로 올라가지 않는가?'

뉴턴의 조수 존 콘듀이트는 1727년 뉴턴 자서전에서 사과 일화를 전한다. 뉴턴의 조카사위이기도 한 콘듀이트 글은 뉴턴에 대한 숭배 때문에 높임법으로 부담스레 덮여 있다. 하지만 그의 열정적인 작업 덕분에 뉴턴에 관한 많은 사실이 비교적 자세하게 남을 수 있었다.

1666년 경께서는 또다시 케임브리지를 떠나 링컨셔에 계신 그의 모친에게로 돌아오셨고 경께서 정원에서 명상하시는 동안 어떤 생각이 경에게 떠올랐다. 그것은 (사과를 나무에서 땅으로 끌어내리는) 중력의 힘이 지구로부터 어느 정도의 거리 내로만 제한된 것이 아니라 이 힘은 흔히들 생각하는 것보다 훨씬 더 멀리까지 뻗어 나가야 한다는 것이었다. 그렇다면 왜 달의 높이까지는 안 되는지를 자문하셨다. 만일 그렇다면 이 힘은 달의 운동에 영향을 미쳐야 하며 달을 궤도에 유지 시켜야 할 것이 틀림없었고, 따라서 경께서는 이 가정이 어떤 결과를 가져올 것인지를 계산하기에 이르셨다.

그러나 경은 책을 가지고 있지 않았고, 노어우드가 지구의 둘레를 계산하기 전에 지리학자들과 뱃사람들 사이에서 흔히 쓰이던 근삿값, 즉 60잉글리시마일이 지구 표면에서 위도 1도를 포함한다는 수치를 사용하신 관계로 경의 계산은 당신의 이론과 일치하지 않았다. 따라서 경께서는 중력의 힘과 더불어 달이 소용돌이 속에서 움직일 때 가지게 되는 어떤 힘이 존재한다는 생각을 품으셨으며…….

윌리엄 스터클리는 《아이작 뉴턴 경의 삶에 대한 회고록》(1752년)에서 둘이 정원에 나가 사과나무 그늘에서 차를 마셨던 1726년 4월 15일 에피소드를 말한다. 여러 이야기를 하던 중 뉴턴은 그에게 이 나무 아래에서 생각에 잠겼을 때 중력의 개념이 머릿 속에 떠올랐다고 하면서 "사과는 왜 항상 땅으로만 떨어지는가? 왜 그것은 옆으로 혹은 위로는 가지 않는가? 아마도 땅이 그것을 끌어당기기 때문일 것이다. 그리고 그 끌어 잡아당기는 힘의 총화는 아마도 지구의 중심에 있을 것이다. 사과가 항상 수직으로 중심을 향해 떨어지는 것에서 그것을 알 수 있다. 그것이 사실이라면 떨어지는 속도는 물질의 양에 비례할 것이다. 그러므로 땅이 사과를 끌어당기는 만큼 사과도 땅을 끌어당긴다."라고 그의 말을 기록했다.

160여 개의 필명 중 '볼테르'가 가장 유명한 프랑스의 계몽주의 철학자 프랑수아 마리 아루에도 마찬가지였다. 1727년 3월에 치러진 뉴턴의 성대한 장례식을 구경하는 인파 중에는 볼테르도 있었다. 뉴턴의 관은 왕립학회 회원들이 운구했는데, 일개 학자의 관이 귀족들의 손에 의해, 심지어 귀족에게조차 자리를 잘 내주지 않는 웨스트민스터 예루살렘 실로 옮겨지는 광경은 볼테르에게 충격이었다. 평민 주제에 귀족에게 결투를 신청했다고 해서 바스티유 감옥에 끌려가 결국 망명객이 된 자신의 신세를 생각하면 더욱 그랬을 터다.

그는 뉴턴의 천재성과 뉴턴을 만들었다고 여긴 영국의 종교적 관용, 자유로운 의회정치 등에 매혹되었고, 프랑스의 앙시앙 레짐에 대한 통렬한 비판을 준비한다. 그리고 귀국 후 사망할 때까지 '백과전서파'라는 용어와 함께 계몽사상의 신과 같은 역할을 하며 프랑스에서 프로이센으로, 그리고 스위스로 옮겨 다니며 조국이 혁명으로 가는 길을 닦는다. 《철학 서간》(1734년)은 프랑스 구체제에 던져진 최초의 폭탄으로 평가되는데, '아이작 뉴턴 경은 정원 산책 중 사과가 나무에서 떨어지는 것을 보고 만유인력 체계를 처음으로 생각했다.'라며 뉴턴의 사과 에피소드를 밝힌 것으로 알려진 저서이기도 하다.

이 같은 뉴턴의 사과 에피소드들은 세부적인 사항은 약간씩 다를지언정 만유인력의 법칙이 어느 해 어느 순간 번쩍하는 아이디어로 뉴턴 앞에 나타난 듯한, 마법 같은 순간을 연상하게 하는 공통점이 있다. 모두 극적 효과를 노렸기 때문이기도 하겠지만, 이 때문에 뉴턴의 천재적인 면은 더욱 부각되었을 수도 있다. 물 위 백조의 우아하게 펼쳐진 날개에는 감탄할지언정 그를 위해 수면 밑에서 필사적으로 휘젓고 있는 다리는 무시하고 싶은 것이 사람 마음 아닌가. 이렇게 전해진 에피소드는 그 자체만으로도 뉴턴의 이론이 어려운 사람들에게는 일종의 힘으로 작용했을지 모를 일이다.

하지만 뉴턴은 에피소드를 계속 언급함과 동시에 다른 모습을 추측할 여지를 주는 말을 남긴다. 후에 "어떻게 만유인력을 발견했느냐?"는 질문을 받은 그는 "그 문제를 끊임없이 생각했으니까."라고 대답했다. 이어 "나는 한 가지 주제를 늘 마음속에 품고 있으면서 첫 깨달음이 천천히, 조금씩 그래서 마침내 완전하고 밝은 빛이 될 때까지 기다렸다."라고 설명을 덧붙였다.

프랑스 과학아카데미 회원으로 미터법 창시에 결정적 공헌을

한 이탈리아 수학자 조셉 루이 라그랑주도 뉴턴을 '인간 중에서 가장 위대하고 운이 좋은 사람'이라고 평했다. 우주는 단 하나밖에 없는데, 그가 바로 그 우주의 법칙을 발견했기 때문이라고 하면서. 뉴턴이 라그랑주가 말한 대로 운이 좋을 수 있었던 것은 매번 번쩍하는 착상이 그에게만 주어져서는 아니었다. 그의 아이디어는 아무리 작은 것일지라도 오랜 기간 끊임없이 집중해 생각하는 과정에서 나온 것이었다. 트리니티 칼리지 시절 주변 사람들이 증언하듯 뉴턴은 어떤 과제에 집중하면 먹고 자는 것은 뒷전이었는데, 심지어 식사 도중이라는 사실을 잊기도 할 정도였다. 그래서 그는 나날이 말라 갔던 반면 키우던 고양이는 살이 통통하게 올랐다는 '카더라' 식 에피소드도 전해진다.

즉 그의 통찰력은 우연히 번개처럼 떨어진 것이 아닌 새벽의 여명과 같이 오랜 시간 기다림 끝에 찾아온 것이었다. 당시 사과가 특별한 영감을 불어넣어 준 것도 뉴턴이 이 문제에 꽤 오랫동안 사로잡혀 있었기 때문이다. 그리고 기다림의 시간은 그의 시간 전에 밝혀 있던 이론을 습득하고 비판하며 실험하면서 시행착오를 거친 집중과 노력의 그것이었다.

거인들의 탄생

"내가 다른 사람들보다 더 멀리 볼 수 있었다면, 그것은 바로 거인들의 어깨 위에 올라섰기 때문입니다."

뉴턴이 물리학자 로버트 훅과 편지를 주고받으며 직접 한 말이다. 그가 말한 거인들은 뉴턴 이전, 혹은 동시대에 유럽 각국에 산재했던 자연철학자 혹은 수학자들일 것이다. 자신이 업적을 쌓을 수 있었던 것은 그들이 자신보다 먼저 발견한 것의 도움 덕분이라는 뜻이다. 하지만 이 말에 부연 설명을 하지 않았기 때문에 그의 진의는 명확하지 않다. 짐짓 '훅도 거인이다.'라고 칭찬하는 것처럼 보인다. 하지만 상당히 나빴던 둘의 관계와 당시 뉴턴의 성격을 고려해, 어떤 전기 작가들은 이 말이 실제로는 유난히 키가 작은 훅을 빗대어 놀리는 것이라 해석하기도 한다.

하지만 뉴턴의 진심 여부와 상관없이 이 말은 학문의 발전이

어떻게 이루어져야 하는지 보여주는 짧지만 아름다운 표현이 되었다. 천재적인 뉴턴도 다른 천재들에게 많은 빚을 졌다. 그리고 그런 천재들을 탄생시킨 시대에도 마찬가지의 빚을 진 셈이었다. '과학자'라는 용어는 17세기에도 사용되지 않았고 그 후 150년쯤 지나서야 비로소 출현하지만, 뉴턴이 어깨를 밟고 선 거인들은 후세대가 만들어낸 개념인 '과학혁명'이라는 범주로 묶어낼 수 있다.

16~18세기 유럽 문화는 깔끔하고 분명하지는 않지만 '세속적'으로 변화해갔다. 일명 르네상스, 종교개혁, 신항로의 개척, 절대왕정이라 불리는 사건들로 읽히는 근대 시대다. 일련의 과정을 지나며 유럽인의 정서 속에 근 천여 년 동안 내려온 '종교적'인 중세 문명은 마침내 종말을 고했다. 그리고 과학혁명은 그 결정적 분기점 중 하나로 간주된다.

과학혁명은 당시 지적 생활에 스며들어 새로운 가능성을 열어준 사회 현상의 축적으로부터 힘입은 바가 컸다. 예컨대 인쇄술이 그랬는데, 15세기 중엽 유럽에 보급된 인쇄술로 유럽 지식 세계는 획기적인 변화를 경험한다. 사상 등 지적 업적의 축적과 전파, 협동 작업이 쉬워진 것은 물론 서적 구매와 도서관 건설 등이 촉진된다. 글을 쓰고 읽을 줄 아는 사람이 증가하면서 문자는 교육 등에서 중세 구어나 이미지를 대신한다. 이 같은 인쇄술의 시대는 이후 20세기 라디오, 영화, 텔레비전 등 구술과 시각의 우위가 회복될 때까지 계속될 예정이었다.

중세 신적 조명의 상징인 '빛'을 향한 열망은 광학 연구뿐 아니라 새로운 렌즈 연마 기법을 발달시켰다. 렌즈 연마사는 17세기 망원경과 현미경 발명에 기틀을 놓았고 그 과정에서 돋보기를 만들어내기도 했는데, 1608년 네덜란드 안경 장인 한스 리페르세이는 망원경을 최초로 발명한 인물로 이름을 남겨 놓았다. 같은 네덜란드 출신으로 비운의 철학자, 그러나 질 들뢰즈로 대표되는 후대인에게 '철학자들의 그리스도'라 칭송받을 바뤼흐 스피노자가 유대 사회에서 추방된 뒤 은둔하며 렌즈 연마로 일생을 보냈다는 것은 유명하다. 44세의 젊은 나이에 폐병으로 사망한 그를 두고 렌즈 가공 때 생기는 유리 가루를 너무 많이 마신 때문이라고 추측하기도 한다.

"내일 지구가 멸망한다고 해도 오늘 한 그루의 사과나무를 심겠다."

이 명언의 주인공으로 또 하나의 사과를 탄생시켰다고 여겨진 스피노자였지만 이는 우리나라에만 유효한 이야기다. 실은 마르틴 루터의 어릴 적 일기장에 적힌 글이고, 그가 살던 독일 아이제나흐의 사과나무 아래에 이를 새긴 기념비가 세워져 있다는 이야기는 이제 크게 새롭지도 않다.

중세 후기 점성술사들도 별이 인간의 운을 지배한다는 여전한 믿음으로 별자리표를 만들며 활동해 천문학의 유행으로 이어질 초석을 닦는다. 후대의 부유한 아마추어 천문가들은 천체관측소를 세우고 별의 행로를 망원경을 통해 '과학적'으로 측정할 것인데, 이는 15세기 말 포르투갈로부터 막이 오른 신항로 개척이 계속되는 데 필수적인 한 분야가 되었다.

사실 신항로 개척에는 '실낙원'을 찾아 이상향을 실현하거나 이교도 국가에 기독교를 전파하겠다는, 혹은 수백 년 전부터 내려온 프레스터 존의 전설에 입각한 도전정신이 동력으로 작용했다. 물론 값진 동방 산물 획득이라는 경제적인 이유가 컸지만, 유럽인의 중세적 심성, 즉 종교적인 믿음도 그에 못지않은 기반이 되었다.

하지만 역사는 인간이 생각하지도 못한 방향으로 흐르는 일이 더 많은 법이다. 유럽인은 아프리카와 아시아에서 새로운 땅과 문화를 접하고, 고대인에게는 알려지지 않은 데다 성경에서도 언급되지 않았던 아메리카 대륙에 대한 의외의 새로운 사실을 알게 된다. 그를 통해 완벽하다 믿으며 그동안 계승해온 자신들의 지식에 결함이 있음을 깨닫는다. 요컨대 '신세계' 탐험은 이전 유럽인의 권위에 타격을 가한 셈이었다.

그런 점은 르네상스의 인문주의 또한 마찬가지였다. 비록 자연철학이 상대적으로 낮게 평가되었을지언정 고전 문헌들을 복원, 번역, 이해하려는 노력은 수많은 중요 저작이 최초로 또는 더 광범위하게 이용될 수 있게 했다. 덕분에 유럽인들은 이슬람권의 자료로 아르키메데스 등의 저작을 새롭게 발견할 수 있었다. 자연계가 거대한 기계적 힘으로 작동하며 그 힘은 수학적으로 서술할 수 있다고 주창한 헬레니즘 시대 위대한 학자들의 저작 말이다. 이는 16세기 말부터 17세기 자연철학자와 수학자들에게 상당한 영향을 끼쳤고 17세기 기계론 철학이 형성되는 데 결정적이었다.

이에 더해 르네상스는 수공업자와 지식인 사이의 협력 또한 촉진했다. 12~13세기 자연계를 관찰했던 사상가는 기계를 만지지 못했을 뿐 아니라 그것을 만들 수 있는 전문 수공업자와 접촉조차 하지 않았다. 하지만 15세기 르네상스 시대에는 두 세계가 만났다. 레오나르도 다 빈치 같은 르네상스 예술가들은 숙달된 장인으로 '만능인'이라 불릴 만했다. 회화는 기본에 원근법과 광학을 연구했으며, 인체를 탐구하고, 효과적인 무기를 고안했다. 거대한 돔 양식의 건축물을 지탱하기 위한 기하학적 해결 방법, 심지어 하늘을 나는 방법까지 찾으려 했다. 이렇게 마련된 전통은 자연철학자가 스스로 과학적 기계를 만드는 토대가 되었다.

'과학혁명'이라 불리는 현상은 이런 모든 흐름이 수렴된 16~17세기 일종의 지적 폭발과 같았다. 최초는 16세기 천문학 분야에서였다. 1543년 폴란드 천문학자이자 성직자인 니콜라우스 코페르니쿠스가 《천체의 회전에 관하여》에서 '태양중심설'을 제시한다. 이후 꾸준한 관찰과 자료 축적, 정량적인 분석은 프톨레마이오스의 지구 중심 우주관을 붕괴시킨다. 덴마크의 괴짜 천문학자 튀코 브라헤는 망원경 없이 천체를 연구한 시대의 가장 뛰어난 관측자였고, 그의 조수였던 독일 출신 요하네스 케플러는 브라헤의 화성 관측 결과를 정리한다. 천문학자임에도 수학적으로 분석해 행성이 태양을 중심으로 타원 궤도를 돈다는 일명 '케플러의 법칙'을 발표한다.

그리고 케플러와 같은 시대를 산 갈릴레오 갈릴레이. 그는 진자의 등시성과 관성의 법칙 발견, 직접 개발한 망원경으로 천체를 관찰, 연구해 태양중심설을 확고히 한 이탈리아의 위대한 천문학자이자 수학자였다. 그럼에도 그는 케플러의 업적은 전혀 이해하지 않았고, 관성의 법칙을 발견했음에도 이것의 정식화는 르네 데카르트에게 넘겨주어야 했다. 하지만 목성의 위성 발견과 세속적인 성공, 종교재판 회부 등 그의 인간적인 풍모는 세간에 유명한 일화들을 남겨 과학사만큼이나 문학 작품 등에 흔적을 새겨 놓았다.

한편 잉글랜드와 프랑스에서는 학문적 방법론에 관한 탐구가 이루어진다. 시간과 에너지, 자원 등을 체계적인 실험에 투자해 자연을 지배하려는 실용적인 태도가 나타났는데, 그 선구는 잉글랜드의 프랜시스 베이컨이다. 한때 잉글랜드 대법관으로 권력의 핵심에 오르기도 했던 그는 뛰어난 지적 에너지를 가졌으나 작품들은 동시대인들에게 별 영향을 주지 못한 듯했다. 그러나 그가 《신기관》에서 옹호한 경험과 관찰, 귀납법을 기반으로 한 연구 및 사상은 40년 후 잉글랜드 지성계의 중심에 선다. 그것은 "아는 것이 힘이다."로 널리 알려질 사상이었다. 베이컨은 피부 냉동의 효과를 관찰하기 위해 추운 3월의 어느 날 닭고기에 눈을 가득 채워 넣다가 독감에 걸려 죽었는데, 그래서 과학을 위해 순교했다고 일컬어지기도 한다.

데카르트도 빠뜨릴 수 없다. 프랑스 출신이지만 학문의 자유가 보장되던 네덜란드에서 활동한 그는 《방법서설》과 《철학의 원리》에서 "나는 생각한다, 고로 존재한다."로 유명한 의심과 회의, 즉 이성을 통한 연역적 방법론을 주장한 철학자다. 여기에 그치지 않고 우주론, 광학, 기상학, 생리학 관련 저술로 기발하고 독창적인 기계론적 세계관을 보였고, 기하학에 대수적 해법을 적용한 해석기하학을 창시하기도 했다.

놀라운 수학자이자 과학혁명의 일익을 담당한 위대한 자연철학자였던 그가 뉴턴이 올라선 거인 중 마지막 발판이었다. 그리고 이렇게 자극된 지적 분위기 속에서 산재한 거인들의 사상을 한데 모아 사물의 운동 법칙을 밝히고, 우주의 작동 방법에 관해 통일된 전망을 제시한 인물이 뉴턴이었다.

진리는 최고의 친구

아이작 뉴턴은 1642년 크리스마스 아침, 링컨셔 울즈소프의 소규모 지주 가문에서 태어났다. 이 해 벽두 이탈리아는 갈릴레이를 잃었기 때문에 생몰 연도로 둘 사이의 '신비한' 연관성을 찾기도 한다. 하지만 이는 영국의 청교도주의 때문에 가능했던 사실로, 영국인들은 대륙이 사용한 그레고리우스력을 로마 가톨릭이 만들어낸 악습으로 간주했기 때문에 1699년까지 율리우스력을 사용했다. 따라서 대륙에서 뉴턴의 실제 생일은 1643년 1월 4일이었다.

연도의 연관 관계보다 중요한 것은 뉴턴이 탄생했다는 사실이다. 그리고 그의 출생 12년 전 사망한 케플러, 직전에 사망한 갈릴레이, 당시 활동하던 데카르트 등 거인들의 연구 결과를 뉴턴이 활용할 수 있었다는 점이다.

유복자로 태어난 그는 너무 미숙아여서 0.475리터의 쿼트 주전자에 들어갈 수 있을 정도였고 살 가능성이 거의 없었다고 한다. 살아남은 뒤에는 어머니의 재혼으로 3살부터 10살까지 외조부모 아래에서 외로운 어린 시절을 보낸다. 1653년 계부 스미스 목사가 상당한 재산을 남기고 사망한 뒤 어머니는 돌아왔지만, 2년 후 그랜섬에 있는 공립 중학교로 보내졌다.

뉴턴은 그곳에서 라틴어와 고급 라틴어, 약간의 그리스어로 구성되어 있고 산수나 수학은 거의 들어 있지 않은, 당시 영국 공립 중학교의 표준 교과 과정에 따라 공부했다. 중학교를 졸업한 지 4년 만에 미적분을 발견한 인물이 당대의 수학적 성과를 구경조차 해본 적이 없다는 것은 사실 놀라운 일이다. 자연철학을 접했다는 어떤 흔적도 역시나 찾을 수 없는 시기지만, 그럼에도 이 시기 공부는 뉴턴에게 많은 도움이 된다. 이후 몇 년 동안 그가 늘 접할 수학 서적은 그의 자연철학 배양지가 된 책 대부분과 마찬가지로 라틴어로 되어 있었기 때문이다. 훗날 그가 대륙의 자연철학자나 수학자들과 교류할 수 있던 것도 영어만큼 라틴어 사용에 능숙한 덕분이었다. 그가 이 시절에 라틴어 대신 약간의 수학을 배웠다 한들 라틴어를 할 수 없었다면 수학만으로는 보충하기 힘들었을 것이다.

그의 천재성을 발견하고 고취시킨 사명은 외삼촌 윌리엄 에이스코 목사, 스토크스 교장에게 맡겨졌다. 안타깝게도 뉴턴의 능력을 전혀 파악하지 못해 농장 관리를 맡기려 했던 어머니를 설득한 이들의 노력으로 1661년 6월 그는 케임브리지대학에서 가장 유명세를 누리던 트리니티 칼리지에 입학한다. 처음에는 학생으로, 나중에는 수학 분야의 루카스 석좌교수(한때 스티븐 호킹이 이 자리에 있기도 했다)로서 35년이나 몸을 담는 시작점이었다.

그곳에서 근대 수학과 과학의 화신이 될 뉴턴은 고독하고 은둔적이며 청교도적으로 열성인 모습을 드러내기 시작한다. 동료들과의 불편한 관계 대신 그는 노트를 준비해 당시 아리스토텔레스식 학풍이 여전했던 대학 교과 이외의 학문에 빠져든다. 그의 노트에는 '플라톤과 아리스토텔레스는 친구. 그러나 진리가 최고의 친구'라는 표어가 라틴어로 쓰였고, '철학에 관한 질문들'이라는 제목이 붙었다.

45개의 소제목을 만들고 독서로 얻은 것을 정리해나간 노트 전체에는 데카르트에 관한 메모가 관통했다. 갈릴레이의 《천문학 대화》를 읽고 로버트 보일, 토머스 홉스 등의 저작 등 무수한 책을 섭렵하는 동안 그의 최고의 친구인 진리는 기계론적 철학임이 드러나고 있었다.

한편 그는 1663년 스타브리지 박람회에 갔다가 우연히 분석점성술에 관한 책 몇 권을 찾아냈다. 천궁도를 계산할 줄 몰랐던 그는 에우클레이데스(유클리드)의 《기하 원론》을 구해 읽었고 계속 파고들었다. 이어 슈텐의 《논문집》, 오트레드의 《수학의 열쇠》와 데카르트의 《기하학》을 읽는다. 그리고 자연철학의 경우와 마찬가지로 독학한 대략 1년 후 17세기 해석학의 성과 전체를 마스터한 그는 새로운 경지를 개척할 준비를 마쳤다.

빛과 시각에 관심을 가졌던 초기, 뉴턴은 자기 눈을 직접 이용해 실험하기도 했다. 심지어 매우 두툼한 바늘을 '가능한 한 눈의 후부에 가장 가까이 갈 수 있을 정도로 눈과 뼈 사이에 찔러' 넣기도 했다. 눈이 멀지 않은 것이 천만다행일 정도의 실험들이 이어진 시기였다.

1664년부터 1667년, 기적의 해를 중심으로 한 몇 년 동안 엄청난 학문적 업적은 차곡차곡 쌓여갔다. 자연과 자연의 법칙을 환하게 밝힐 수 있는 경이로운 내용이었지만, 그 이론들은 정작 빛을 보지 못한 채 뉴턴의 노트 안에 숨어 있었다. 다른 사람들로부터 비판받는 것을 극도로 싫어한, 일종의 은둔형 천재인 뉴턴의 성격 때문이었다.

《프린키피아》의 탄생

그러나 뉴턴의 연구는 사람들의 삶을 밝혀야 할 운명이었고, 결국 때가 왔다. 흰빛의 합성적 성질에 관한 연구는 그를 곡면 거울을 이용한 반사 망원경 제작으로 이끌었는데, 그 결과 왕립학회 회원으로 선출(1672년)된다. 마침내 케임브리지의 어두컴컴한 오두막에서 벗어나 세상으로 나오기 시작한 것이다. 뉴턴은 광학 이론을 서술하는 논문을 썼고, 이를 《철학회보》에 게재했다. 유럽의 많은 자연철학자와 수학자들은 논문에 갈채를 보냈다. 하지만 공식적으로 학계에 발을 들여놓자 명성과 함께 반갑지 않은 고통도 찾아왔다.

당시 왕립학회 실험관장인 훅 등은 뉴턴의 논증 방식을 받아들이지 못했다. 옥스퍼드에서 '화학의 아버지'라 불릴 로버트 보일의 조수로 일하기도 한 훅은, 런던에 흑사병이 유행할 때 자신이 직접 설계하고 제작한 현미경을 이용해 최초로 '세포'를 관찰한 인물이다. 그는 사망할 때까지 뉴턴이 생애 첫 번째 '과학전쟁'을 벌인 대상이 되었다. 당시 영국에서 행해진 주된 과학 실험에 대부분 참여했던 '실험'하는 자연철학자 혹은 과학이 수학적이어야 한다는 뉴턴의 주장을 독단적이고 고압적이라 판단했다. 그래서 날 선 편지 교환을 통해 뉴턴이 자신의 발견 결과에 관한 아무런 물리학적 설명을 제공하지 못한다며 강하게 비판했다.

뉴턴은 훅과의 '전쟁'으로 마음에 상처를 입은 뒤 자신의 논증과 이론을 이해할 자연철학자가 없다는 생각에 케임브리지의 은둔생활로 돌아갔고, 꽤 오랫동안 자신의 연구를 공유하려 하지 않았다. 뉴턴이 다시금 출간을 결심한 것은 오로지 천문학자 에드먼드 핼리 같은 동료의 끈질긴 노력 덕분이었다. 핼리는 남반구에서 한 천문 관측으로 잘 알려져 있었고 혜성에 자신의 이름이 명명된 인물이기도 하다.

유클리드 저작 이후 가장 중요하고 영향력 있는 과학 저술로 인정될 뉴턴의 《자연철학의 수학적 원리》, 일명 《프린키피아》로 알려진 저작의 완성(1687년)은 핼리가 없었다면 불가능했을지도 모른다. 1684년 뉴턴을 방문한 핼리는 그에게 당시 왕립학회에서 한창 논의되고 있던 행성의 타원 궤도에 대한 수학적 근거 문제, 즉 연역적 증명 문제를 질문했다. 뉴턴은 이미 1679년에 작성해 둔 이 문제에 대한 증명을 보내주겠다고 약속했고, 얼마 뒤 실제로 발송되었다. 핼리는 뉴턴이 천체역학과 지구역학을 망라

하는 이론으로 만든 계산법을 펼치도록 자극했고 격려했을 뿐 아니라 연구의 출간을 감독하고 재정적으로 지원해주었다. 뉴턴보다 더 궁핍한 형편이었음에도.

《프린키피아》는 분량이 길면서도 어려웠다. 의도적으로 그렇게 집필했을 것이다. 뉴턴이 이에 대해 "수학을 조금 아는 척하는 사람들이 지분거리는 것이 싫어서."라고 언급했으니. 라틴어로 쓰인 이 책은 운동 법칙, 중력 법칙, 케플러가 관측한 행성의 운동에 관한 법칙을 유도하고 설명해 '고전역학'으로 세웠다. 중력은 만물에 작용하는 힘이며 수학적으로 표현될 수 있다는 것이 핵심 명제였다.

우주의 모든 물체는 어디에 위치하더라도 한 가지 기본 법칙을 따른다. 땅이든 하늘이든 상관없이. 수학적으로 표현 가능한 일련의 이 법칙은 행성이 타원 궤도를 도는 이유부터 사과가 나무에서 떨어지는 이유, 심지어 속도까지 설명할 수 있다. 관찰과 계산으로 찾아진 하나의 역학 법칙이 케플러와 갈릴레이가 말한 모든 것을 설명해낸다는 것은 놀라운 과학적 성취의 '계시'였다. 뉴턴에 의해 마침내 지상과 천상 세계가 연결된 것이다.

《프린키피아》는 그야말로 걸작으로 칭송되었다. 존 로크는 이를 두 번이나 읽고 영국해협 건너 독자들을 위해 요약했다. 1713년경 유럽 전역에 배포하기 위해 이 책의 해적판이 암스테르담에서 출판되었다. 뉴턴에 매료된 볼테르도 그의 애인인 에밀리 뒤 샤틀레와 함께 뉴턴의 사상을 소개했는데, 샤틀레는《프린키피아》를 프랑스어로 번역, 해설한 탁월한 여성 수학자였다.

물론 동시대 과학적 엘리트들 모두가 이를 납득할 수 있었던 것은 아니다. 500부가 인쇄된 《프린키피아》를 당시 제대로 이해한 사람이 거의 없던 것을 보면 알 수 있다. 뉴턴이 독자층의 수준을 고려해 미적분이 아닌 기하학으로 저술했음에도 영국에서 뉴턴의 이론이 받아들여지기까지는 10년, 유럽 대륙에서는 또다시 10년이라는 시간이 걸렸고, 그 때문에 뉴턴은 상처받기도 했다. 동서고금을 막론하고 앞서간 사람들이 역사에서 감당해야 할 몫을 뉴턴도 일평생 지고 간 셈이었다고 할까.

현대에도 마찬가지다. '일반적'(아인슈타인의 이론까지 확장되지 않을)인 세상으로 둘러싸인 사람과 물질들. 그 속에는 뉴턴의 법칙을 의식하고 이해하는 사람도 있지만 그렇지 못한 이들이 더 많다. 그럼에도 그 모든 살아내는 삶이 뉴턴이 밝힌 고전역학의 법칙 속에서 움직이고 있다는 사실은 동일하다.

마지막 마법사, 계몽의 빛으로

한편 1688년 명예혁명은 뉴턴의 삶에서 전환기가 되었다. 청교도 혁명기에 태어나고 왕정복고 즈음에 케임브리지에 입학한 그의 인생에 또 하나의 계기가 찾아온 듯했다. 그는 혁명 이전 케임브리지에 가톨릭을 강요하던 제임스 2세에 맞서 싸운 프란시스 사건 덕분에 1689년 케임브리지 하원의원이 되었다. 그리고 고통스러운 정신질환 기간을 보낸 뒤 1696년 조폐국에서 27년간 근무할 삶을 맞는다. 1701년 케임브리지를 사임하며 그곳에서 30년이 넘는 생을 마무리하면서.

훅이 죽은 뒤 왕립협회에 귀환해 회장으로 선출(1703년)되면서 수학과 과학의 위상을 높이는 데 앞장서는 것도 이 시점부터다. 일명 '뉴턴주의자'들이 탄생할 만큼 학문의 권위를 높이고, 이전의 아마추어 이미지를 탈피해 견고하고 권위를 가진 조직으로서 왕립협회를 만들어 놓는다. 그가 왕립협회를 조직하고 '뉴턴 주의자'와 같은 추종자를 만드는 과정을 보면, 실험실에만 있던 은둔형 천재가 맞나 싶을 정도다. 앞으로 '과학'이 될 분야들의 위상이 높아지고 사회적으로도 힘을 보유한 데는 뉴턴의 힘이 컸다. 이 과정에서 사과 에피소드도 그의 천재성을 드러내는 일화로 점차 자리를 잡아가지 않았을까 추측해본다.

뉴턴이 조폐국에서 일한 뒤 화폐 개주를 추진한 것은 역사적으로 유명한 사건이다. 1694년 의회는 영국 최초의 중앙은행인 잉글랜드은행을 설립했다. 당시는 지폐 사용이 거의 전무했기 때문에 보통 동전이 사용되었다. 뉴턴은 빈번했던 위조 방지를 위해 동전 테두리를 빗살처럼 깎으며 새롭게 주조한다. 위조범을 찾아 기소하는 것도 그의 일이었는데, 할 일을 완벽하게 해내야 직성이 풀렸던 그의 성향은 여기에서도 어김없이 발휘된다. 한 해 동안 26명의 위조범을 교수대로 보내고, 그럴 의무가 있는 것도 아닌데도 불구하고 늘 사형 집행 과정을 지켜보았다. 현재 각국 동전 옆면에 빗살과 같은 무늬가 새겨진 것은 뉴턴의 유산인 셈이다.

수학과 과학의 천재인 그가 1720년 당시 남아메리카의 독점무역권을 가진 '남해' 회사에 주식투자를 한다. 그런데 주식시장의 거품이 꺼지며 폭락해 거의 전 재산을 날리는 수준의 일이 벌어졌다. 이 때문에 "천체의 움직임은 (수학으로) 계산할 수 있지만, 사람들의 광기까지 계산할 수는 없다."라는 말을 남긴 것은 유명한 일화다. 사람의 마음이 천체 법칙보다 복잡한 것은 만유인력의 법칙보다 더 불변의 진리인가 보다. 물론 그의 사망 이후 남겨진 유산은 남해 주식까지 포함해 꽤 많은 액수였다.

1705년 앤 여왕으로부터 작위를 받아 뉴턴 경이 된 그는 정치권과도 연결되면서 강력한 힘을 가진다. 그는 1716년 고트프리트 빌헬름 라이프니츠의 사망까지 계속된 미적분학의 최초 발견자 전쟁을 벌였고 존 플램스티드와 천문학 역사 전쟁 등에 휘말리기도 했다. 그 과정에서 권력을 이용해 '비열한'이라는 표현이 어울릴 만한 방법으로 승리를 쟁취하는 장면도 남겼다. 그리고 조지 2세와 캐럴라인 왕비를 만나거나 화려한 연회를 열고, 혹은 유명 인사들의 방문에 사과 에피소드를 나누며 독신의 말년을 보냈다. 그에 대한 경외심은 영국이 꽤 오랫동안 라이프니츠의 미적분 기호를 쓰지 않아 대륙보다 수학 능력이 떨어지는 결과에까지 이를 정도였다.

하지만 그러다 보니 케인스의 말처럼 이후 역사의 '과학 발전적 시각'으로 보았을 때 유용하지 못한 부분들(실제 뉴턴 일생의 많은 부분을 차지함에도)은 뉴턴 일생에서 간과되어 온 듯하다. 뉴턴이 과학보다는 연금술과 신학 연구에 더욱 매진하고 있었다는 '사실'이 주목받지 못한 것은 이런 맥락에서다.

그는 1669년 이후 30여 년간 연금술에 심취했는데, 20대 후반에 벌써 머리가 희끗해졌던 것도 이런 이유로 추측된다. 1693년부터 약 18개월간 겪은 일종의 정신질환(아스퍼거증후군으로 추정되는)도 중금속 중독, 즉 연금술로 인한 수은중독에서 비롯되었을 것으로 여겨진다. 광학 실험 때와 마찬가지로 자신을 대상으로 실험하는 것은 뉴턴에게는 당연했기에, 자신이 만든 혼합물을 직접 맛보고 연기도 마셨을 것이다.

뉴턴은 과학자들과는 계속 날 선 대립을 겪지만, 연금술사들과 서신 교환은 그가 아닌 듯 상당히 겸손하고 우호적이었으며 심지어 오랜 시간 이어지기도 했다. 그가 모은 138권의 연금술 관련 책의 규모는 당시로서는 가장 방대한 양이었다. 인쇄된 책뿐 아니라 아직 출판되지 않는 필사된 원고까지 모두 읽을 정도의 열의였다.

신학에 관한 연구도 마찬가지였다. 그의 신학 연구는 당시 케임브리지에서 연구를 계속할 수 있는 조건으로 믿어야 했던 국교회의 교리에 반하는 이론, 예컨대 삼위일체설 부정 등으로 전개되고 있었기에 공식적으로 발표하지 않았을 뿐 과학 연구의 분량을 뛰어넘었다. 세계를 하나의 텍스트, 즉 인간에 대한 신의 말씀으로 본 그는 이에 대한 세밀한 독서와 연구가 신비를 풀어줄 것이라 여겼다. 이에 교부들의 저술과 성경에 몰두해 일종의 예언서까지 저술하기에 이른다. 《성경》이 신의 특별한 계시를 기록한 것이라면 자연은 일반적인 계시의 기록이라 생각했고, 그래서 자연철학과 수학을 연구한 만큼 신학에 대한 열정과 집중도 대단했다. 어쩌면 우선순위가 반대였을지도 모를 일이다. 사망 직전까지 그는 성경 연대기인 《수정된 고대 왕국 연대기》

집필에 몰두했다.

사실 17세기 과학의 성과는 우주론에서 기계론적 관점을 세운 것에 특히 위대함이 있다. 이 관점은 우주의 변화가 획일적이고 보편적으로 작용하는 운동의 법칙에 따라 정기적으로 진행된다고 보았다. 그러나 이는 여전히 신에 대한 믿음과 양립될 수 있었다. 신의 위엄은 매일 직접적인 간섭 속에서는 보이지 않으나 그가 창조한 거대한 기계 속에 나타난다.

그렇기에 뉴턴만이 아닌 과학혁명 당시 자연철학자나 수학자, 그리고 17세기 과학적 세계관 모두 반(反)종교적이거나 반신본주의적이지 않았다. 기계론자들은 코페르니쿠스, 케플러, 갈릴레이, 뉴턴 등의 발견으로 드러난 우주의 난해함을 신이 현존한다는 것을 보여주는 증거라고 주장했다. 베이컨은 과학을 통해 인간성의 많은 부분이 자주성과 힘을 다시 가질 것이라고 주장했는데, 이것이야말로 인간이 최초의 상태에서 보유하던 것이었다. 이런 주장은 아담과 이브가 '타락'한 결과로부터 인간을 구원하는 것을 뜻한다는 의미에서 진실로 야심 찼다. '생각하기에 고로 존재한다.'라고 했던 데카르트의 존재 근거는 신이었다. 로버트 보일은 과학적 방법으로 '무신론을 논박'하는 일련의 강연을 위한 기금을 마련했고, 뉴턴은 자신의 연구가 보일과 마찬가지의 목적에 유용하다는 것을 발견한 것보다 자신을 더 기쁘게 만들 수 있는 것은 아무것도 없다며 기뻐했다.

자연과 자연의 법칙은 어둠에 가려져 있었도다. 신께서 말씀하시기를 "뉴턴이 있으라." 하시매 모든 것이 밝아졌도다.

18세기 영국의 유명한 시인 알렉산더 포프는 그가 애호했던 영웅시체(詩體)의 대구를 살려 뉴턴을 기렸다. 놀랍도록 극적인 표현이다. 뉴턴이 시대에 준 영감에 대한 경외심을 이보다 더 완벽하게 표현할 수 있을까 싶다. 하지만 뉴턴이 진심으로 밝히기를 바란 것은 자연이 아닌 신이었다. 뉴턴은 옛 전통의 마지막 대표자가 되기를 원했던 것이다.

뉴턴으로 대표되는 이 시대 거인들은 신의 위대성과 신비성을 강조하기 위해 새로운 시각을 끊임없이 발전시키고 있었다. 그들은 아리스토텔레스가 중세에 의해 기독교화된 것처럼 새로운 지식도 기독교화가 될 것이라고 믿었다. 그래서 새로운 발견으로 전통 개념들이 무너져가고 있었음에도 '신이 정한 우주'라는 큰 그림의 복구 노력을 포기하지 않았다.

그러나 거인들의 후계자는 선조들보다 더욱 대담해진다. 그들은 자연에서 신을 제거해나갔고, 볼테르에서 출발한 많은 사상가는 포르투갈 리스보아에서 대지진이 일어난 1755년 이후 본격적으로 이성을 신의 자리에 올렸다. 그들의 생각 속 진보의 관점에서, 즉 인간 이성에 대한 무한한 신뢰 속에서 혁명의 시대가 탄생할 것이었다.

이후의 시대는 뉴턴이 〈잡기장〉이라 이름 붙인 천여 쪽의 백지에 답을 써가며 찾아낸 가공할 '수학 및 과학' 이론으로 '인간의 세계'를 '밝혔다'라는 데 업적의 방점을 찍었다. 과학은 '근대성'의 핵심으로 자리 잡을 것이며 점차 서양 문화를 구별해주는 중추로 성장할 것이었다. 과학적·기술적 권능이 서양 제국의 팽창과 다른 민족의 정복을 돕고 합리화한 기제 중 중요한 하나가 될 것이라는 뜻에서. 이런 의미에서 그의 업적들 중 중심에 있는 사과는 인간 세상을 신으로부터 독립시킨 또 다른 선악과였는지도 모른다. 그의 의도와는 별개로.

5장

죽어야 사는
메르헨

여성

●

여전히 예쁜 여자와 그를 구원하는 왕자가 되어야만 할까?

/

지난날의 시대적 요구가 아이들에게 아무런 설명 없이 읽힌다면, 우리 아이들의 마음에는 어떤 미래가 자라날까? 어떤 모양으로 아이들에게 꿈을 주고 생채기를 낼까? 여전히 예쁘디예쁜 공주와 그를 구원하기 위해 왕자가 되어야만 하는 삶이어야 할까? 각자 좋아하는 분야를 맡아 서로의 영역을 존중하고, 남녀를 떠나 사람으로서 함께하는, 그런 마음이 담긴 '사과'를 〈백설공주〉에서 읽는다.

그 이야기를 읽는 동안

 〈죽어야 사는 여자〉라는 블랙 코미디 영화가 있다. 1992년 개봉작이니 작품은 오래되었지만 주제는 그렇지 않은 것 같다. 영화 속에서 젊음의 묘약을 마신 여주인공들은 죽지 않는다. 잦은 고장을 일으키는 몸, 예컨대 계단에서 굴러 돌아간 머리, 총탄에 맞아 구멍난 배, 칠이 벗겨지는 살갖 등을 수리만 잘 하면 젊게 영원히 살 것이다. 여주인공들은 애프터서비스를 받기 위해 의사도 영원히 살게 하려 갖은 수를 쓰지만, 의사는 결국 죽음을 선택한다. 그의 장례식에 참석한 그녀들의 남은 영원한 삶에 대한 상상은 관객의 몫이다.

 이 제목은 많은 메르헨을 떠오르게 한다. 백 년 동안 잠자다 왕자와 결혼한 예쁜 언니나 사과를 먹고 잠든 듯 죽어 있다가 같은 결말을 맞는 또 다른 예쁜 언니의 이야기다. 죽거나 잠들어야 왕자와 영원히 행복하게 살 수 있을 것 같은 그런 메르헨 말이다. 메르헨은 으레 주인공들이 "오래오래 영원히 행복하게 살았답니다."로 끝나, 어린이들의 마음을 불편하게 하지 않으면서 이야기를 마칠 수 있다.

하지만 안타깝게도 메르헨이 꿈과 희망만 주는 것은 아닌 듯하다. 그다지 예쁘지도 않고, 누군가 찾아와줄 때까지 죽어 있거나 잠들어 있는 것도 성미에 맞지 않는 여아들은 왕자와 함께 영원히 행복할 수 없다는 사실에 자책했을지도 모를 일이다. 살았을 때 대화해본 것도 아닌데, 예쁘다고 처음 본 죽은 언니에게 사랑을 느끼는 왕자 오빠들도 이상하게 보였을 테고. 재혼 가정의 계모나 나이 든 여성에 대한 부정적인 이미지 메이킹은 두말할 나위도 없다.

이쯤 되면 그런 메르헨이 '아이들에게 교훈을 주기 위한' 동화집 안에 들어 있는 이유가 궁금해질 수밖에 없다. 들어가기 위해 동화가 변했을 수도 있다는 생각에까지 미치면, 당시 유럽 역사와 떼려야 뗄 수가 없는 메르헨의 속사정에 대한 호기심이 더욱 인다. 게다가 사과는 이 장면에서도 빠지지 않고 등장하고 있으니, 신비롭고 꿈과 희망이 가득한 메르헨 속에 사과를 집어넣은 인간의 역사가 때로는 메르헨보다 더 매력적으로 느껴진다. 어른이 된 때문일까? 웬만한 코미디 프로그램보다 정치판에서 웃음 코드를 찾는 일이 더 쉬운 것이 어른이니.

《펜타메론》과 《옛이야기》

 메르헨은 본래 전달된 이야기, 지어낸 이야기, 소식, 소문, 혹은 주목할 만한 사건에 관한 이야기라는 뜻으로 사용되었다. 전설과 구별되기 시작한 것은 근대에 들어서였지만, 메르헨이 동화나 옛이야기 등으로 뜻이 선명해진 데는 19세기 그림 형제의 역할이 결정적이었다.

 독일 헤센 지방 출신의 그림 형제, 형 야콥 루트비히 그림과 동생 빌헬름 카를 그림은 1812년 《어린이와 가정을 위한 메르헨》이라는 메르헨 모음집, 일명 《그림 동화》로 불릴 작품을 출간해 공전의 히트를 기록했다. 현재까지도 《안데르센 동화집》과 더불어 세계 어린이들의 꿈과 상상을 책임지고 있다고 평가받을 정도다. 우리나라 사람들에게는 《그림 동화》의 '그림(Grimm)'이 회화가 아닌 사람의 성씨를 뜻한다는 것으로 인생에 한 번쯤은 놀라움을 안겨주는 언어유희의 주인공이기도 하다.

물론 유럽에는 《그림 동화》 이전에도 메르헨 모음집이 존재했다. 가장 먼저 선보인 국가는 이탈리아로, 소설가 지오반니 프란체스코 스트라파롤라의 《편안한 밤들》에서 출발한다. 베네치아에서 1550년에 1부, 4년 뒤 2부가 출간된 이 작품은 베네치아 근처 섬의 한 별장에서 귀족들이 13일 동안 파티를 즐기며 밤마다 이야기를 들려준다는 내용이다. 액자소설 형식은 1351년 발표된 보카치오의 《데카메론(10일간의 이야기)》과 유사하다. '용의 딸', '장화 신은 고양이', '대도둑', '동물 모양을 하도록 저주받은 젊은이' 등의 이야기가 포함되어 있는데, 아동을 대상으로 하기보다는 귀족들이 즐기는 내용에 가까워, 낯선 세계로의 여행과 이국 문화에 대한 동경이 두드러진다. 《천일야화(아라비안나이트)》의 영향 때문으로 추측되기도 한다.

본격적인 메르헨 모음집의 효시로는 잠바티스타 바실레의 《이야기들의 이야기 또는 청춘을 위한 대화》가 꼽힌다. 바실레 사후 여동생에 의해 1634~1636년 나폴리에서 출간된 이 작품에는 '신데렐라'의 원형인 '재투성이', '장화 신은 고양이', '백설공주', '미녀와 야수', '개구리 왕자', '라푼첼' 등의 초기 판본이 실려 있다. 시인이자 군인, 행정관으로 여행했던 바실레가 나폴리 여성이 들려준 이야기 50편을 모은 것이라고 한다. 조자로 알려진 루크레치아 공주가 주인공으로, 이 역시 《데카메론》과 유사하게 5일 동안 10명이 이야기를 들려주는 형식을 취해, 1674년부터

《펜타메론(5일간의 이야기)》이라는 제목으로 널리 알려진다.

그러나 메르헨 불후의 명작을 탄생시켰다고 평가받는 인물은 프랑스에서 출현했다. 샤를 페로다. 고등법원 직원인 아버지를 둔 그는 어렸을 때 어머니에게서 읽는 법을 배웠고, 저녁 식사 후에는 그날 배운 내용 전부를 아버지에게 라틴어로 들려주어야 했다. 10대 무렵 학교 교육에 반항해 독학하면서 넓고 얕은 교양은 몸에 익혔으나 좀처럼 만족할 만한 일을 찾지 못한다. 변호사 일을 하기도 했으나 그 또한 마찬가지였다.

페로는 결혼 후 4명의 자녀를 낳고 자식 수만큼 여러 공직을 거친다. 베르사유 궁전 설계, '회화아카데미'와 '과학아카데미' 창립에 참여하거나, 중상주의 정책으로 유명한 정치가 콜베르의 오른팔 역할을 하면서. 그러던 1695년 비서직 자리와 아내를 잃은 뒤 자녀에게 헌신하기로 한 그는 아이들에게 들려준 옛이야기들을 기록하다 마침내 천직을 찾는다. 태양왕 루이 14세의 베르사유궁에서 화려하고 세련된 궁정 생활과 함께 낭독이 유행하던 시절의 끝 무렵이었다.

그렇게 탄생한 메르헨 모음집이 1697년 '엄마 거위의 이야기'라는 부제가 붙은 《옛이야기, 교훈 첨가》다. 〈잠자는 숲속의 미녀〉, 〈신데렐라〉를 필두로 〈빨간 모자〉, 〈푸른 수염〉, 〈장화 신은 고양이〉, 〈다이아몬드와 두꺼비〉, 〈난쟁이〉, 그리고 〈곱슬머리 리케〉 등이 실려 있다. 이는 '마더 구스(Mather Goose)'라는 영미권의 전래 동요, 동시의 명칭으로 남아 현재까지도 작품들과 함께 전해온다.

물론 이야기들이 페로의 창작물인 것은 아니지만 그렇다고 구전 등으로 이미 널리 알려진 이야기를 페로가 단순히 문자로 옮긴 것만도 아니다. 민담의 가치를 알아보고 '마법'의 옷을 입혀 '순수한' 내용으로 만들어, 어린이 방에서 들은 이야기를 어린이가 친구에게 이야기하는 듯한 가락으로 완성해낸 것은 오롯이 그의 능력이었다.

페로의 동화집이 독일어로 번역된 것이 1822년이니 그림 형제의 메르헨 모음집이 처음 간행되고 10년 뒤의 일이다. 표면적인 시기로만 보면 페로의 동화집은 그림 형제와 별 상관이 없는 것처럼 보인다. 하지만 프랑스 메르헨은 18세기 중반 이후부터 이미 독일 문학에 수용되고 있었고 그림 형제에게도 영향을 미쳤다. 여기에는 결정적인 이유가 있었는데, 1685년 10월 18일 루이 14세의 퐁텐블로 칙령 선포가 그것이다.

《어린이와 가정을 위한 메르헨》

 풍텐블로 칙령이라는 명칭은 매우 낯설지만 '낭트칙령 폐지'라면 사정은 달라진다. 낭트칙령의 폐지를 선포한 것이 풍텐블로 칙령이다. 1598년 앙리 4세에 의해 제정된 낭트칙령은 프랑스의 칼뱅파 프로테스탄트를 뜻하던 위그노에게 종교의 자유를 선포하면서 개인 사상의 자유를 인정한 것이다. 16세기 중반 30여 년 동안 프랑스에 피바람이 불게 했던 위그노전쟁을 종식하고 로마 가톨릭과 위그노 간의 통합을 도모하던 칙령이었다.

 그러던 낭트칙령이 폐지되자 신변을 보장받지 못한 위그노는 많은 수가 해외로 도피해야 했다. 그들은 아마도 1572년 성 바르톨로메오 축일에 벌어진 끔찍한 대학살의 역사를 기억하고 있었으리라. 1685년부터 1689년까지 이주민은 무려 20만~30만 명에 달할 정도였는데, 상공업에 종사하던 부르주아 위그노가 재산을 싸 들고 이주한 뒤 프랑스는 점차 심각한 경제적 타격에 노출될 예정이었다. 위그노의 상당수는 네덜란드, 잉글랜드, 심지어 북아메리카로도 넘어갔고 독일에도 자리를 잡았다. 1807년경 독일 카셀 근처에서 그림 형제와 알고 지내던 마리 할머니와 피메닌 부인도 프랑스 위그노파 가계 출신의 여성이었다. 그녀들은 메르헨을 모으던 그림 형제에게 이야기를 들려주었고, 《그림 동화》 초판 1권과 2권의 중요한 이야기 제공자가 되었다.

그림 형제가 메르헨 모음집을 출간한 데는 우여곡절이 많았다. 유복했던 페로처럼 그림 형제도 지역 법관인 아버지 슬하에서 여섯 형제 중 첫째와 둘째로 태어나 풍요로운 어린 시절을 보냈다. 그들은 프로테스탄트교회에서 엄한 종교적 가르침을 받는 한편, 시골 생활을 좋아한 아버지의 영향으로 자연을 사랑하는 목가적 농촌 분위기 속에서 부족함 없이 성장한다. 그러나 1796년 아버지가 44세로 사망한 뒤 가정 상황이 열악해지면서 점차 남의 도움으로 근근이 살아가는 형편에 처한다. 야코프와 빌헬름은 어려운 환경 속에서도 둘 다 수석으로 고등학교 리체움을 졸업할 만큼 학업적 능력과 성실성이 뛰어났다. 서로 반대 성향을 지녔음에도 어릴 때부터 한방을 쓰며 협력을 배웠고. 이는 평생 함께 작업하는 원동력이 되었다.

마르부르크대학 법학부에 입학한 그림 형제가 민간에 전해지는 메르헨을 모으고 편집하는 일에 뛰어든 계기는 사비니 교수와 만남이었다. 교수의 개인 서재 속에서 형제는 낭만주의 작가의 작품과 중세 독일 연가를 접하고, 요한 고트프리트 헤르더의 민족, 민중문학 등에 영향을 받는다. 당시 낭만주의 작가 클레멘스 브렌타노와 아힘 폰 아르님을 만난 것도 브렌타노 여동생의 약혼자인 사비니 교수를 통해서였다. 1806년 졸업 후 도서관에서 일한 그림 형제는 클레멘스와 브렌타노의 민요집 《어린이의 이상한 뿔피리》 출간을 도왔고 이은 메르헨 모음집 출간을 위한 조력도 아끼지 않는다.

브렌타노의 요구에 따라 49편의 필사본 동화를 보낸 1810년은 형제에게 전환점이 된 해다. 이 원고들은 불행하게도 알자스의 욀렌베르크 수도원에 감추어져 버렸고(이 원고는 욀렌베르크 필사본이라 불린다), 1920년에야 출판될 예정이었다. 이듬해에도 모음집 출간 작업이 착수될 기미조차 보이지 않자 형제는 결국 자신들이 낼 것을 결심했다.

1812년과 1815년, 마침내 각 한 권씩 총 156편의 이야기가 수록된 그림 형제의 메르헨 모음집 초판이 출간된다. 《어린이와 가정을 위한 메르헨》의 탄생이었다. 1819년 170편이 수록된 개정판이 간행된 뒤에도 다섯 번의 개정판이 나온 모음집은 1857년 제7판에는 210편의 이야기가 수록된다. 야콥이 21권, 빌헬름이 14권의 독일어 문법과 역사, 전설 등과 관련된 저서를 출간하는 동안 공저로 8권을 간행한 것이니 그동안 노력과 수고가 어떠했겠는가. 1859년 빌헬름의 사망 후 야콥은 충격과 외로움을 달래며 작업에 정진했고 그 또한 1863년생을 마감한다.

형제는 둘 사이에 차이가 컸던 문체, 즉 야콥의 간결함과 빌헬름의 세련됨을 통일성 있게 맞춰 초판을 발행했다. 하지만 1814년 야콥의 빈 체류를 계기로 개정판부터는 거의 빌헬름의 단독 작업에 가까워지는데, 이는 학문적 관심이 큰 야콥보다 문학적 관심이 높은 빌헬름의 의도대로 모음집의 특성이 선회함을 의미했다. 개정을 거듭할수록 빌헬름은 속담, 관용어 등 또한 도입해 독자들의 취향에 맞추었고, 아동에게 적합한 언어를 써 예술적인 문학을 만들어냈다. 최종판은 결국 초판의 문장보다 훨씬 다채롭고 문학적이 되었으며, 상황 묘사도 세세해진다.

동화가 "옛날 옛적에 …… 살았답니다."로 시작한다는 것은 일종의 국민 룰이지만, 현실 세계에서 동화의 세계로 끌어들이는 이 마법 같은 도입 공식이 빌헬름이 만든 동화 문체라는 것을 아는 이는 많지 않을 듯하다. 종결부의 전형적인 문구, 예컨대 "그들은 생명이 다할 때까지 만족한 삶을 살았다". "오랜 세월 동안 행복하게 살았다." 또는 "그리고 그들이 죽지 않았다면 아직 살아 있을 것이다." 등등도 함께. 현재 우리에게 익숙한 어린이를 위한 메르헨 형태가 빌헬름의 손끝에서 빚어지고 있었다.

어린이책, 출현하다

　미국 시사주간지 《타임》은 1999년 12월 송년호에서 지난 천 년 동안 세기별로 가장 위대한 인물들을 뽑았다. 20세기 아인슈타인을 비롯해 에디슨, 토머스 제퍼슨, 뉴턴, 엘리자베스 여왕 등 '그들'의 시각을 보여주는 선택이다.

　그런데 15세기의 인물은 제법 눈길을 끈다. 요하네스 구텐베르크라니. 걸출한 위인들 안에 생몰 연도와 남은 일화도 확실하지 않은 그가 당당하게 들어가 있다. 인쇄기를 개조했고 《42행 성경》을 인쇄한 독일 출신이라는 사실 정도만 확실한 인물. 그만큼 '인쇄술 보급'의 중요성이 범접할 수 없는 수준이라는 것 아니겠는가. 물론 구텐베르크 이전에도 인쇄는 있었다. 하지만 그가 인쇄기를 개량해 1440~1450년경 인쇄술을 혁신시키지 못했다면 과연 그 엄청난 유럽의 근대성이 출현할 수 있었을지. 답은 회의

적이다.

　인쇄술은 수많은 지식인의 교류를 촉진하고 지적인 업적 축적에 막대한 공헌을 했을 뿐 아니라 아동의 삶에도 가공할 만한 영향을 미친다. 수도원이나 대학을 중심으로 지식이 독점되었던 중세 이후 인쇄술이 보급될 때까지 아동은 그들만을 위한 문학이 없었다. 성인을 위한 책도 제대로 없던 시절이니 당연한 일이었다.

　글자를 읽을 줄 아는 어린이는 인쇄술이 보급되면서 출판되기 시작한 어른들 책을 읽는 것으로 만족해야 했다. 그나마 유일하게 어린이에게 맞은 것은 《이솝이야기(아이소피카)》였다. 우화 모음집인 이 책은 기원전 6세기경 고대 그리스 노예이자 이야기꾼 아이소포스(이솝)의 작품이다. 교훈적인 내용이 주를 이루지만 의인화된 동물이 등장하기 때문에 아이들은 친숙하게 느낄 수 있었다. 1484년 영어로 번역되었고, 몇 세기 후인 1668년 프랑스 장 드 라퐁텐의《라퐁텐 우화집》에 영향을 준다.

　16세기 중반부터 비록 대중적인 출판은 아닐지라도 아동을 위한 책들은 서서히 모습을 드러낸다. 1578년 독일 작가이자 출판업자인 지그문트 페이에라벤트의《어린이를 위한 그림과 이야기책》출판이 대표적이다. 당시 생활과 우화, 민화를 그린 목판화 그림이 주된 내용이었고, 그에 대한 설명을 길게 쓴 문장을 붙인 형식이었다. 현재도 매년 가을이면 우량도서를 출판한 선구적 출판업자였던 그를 기려 고향인 프랑크푸르트에서 도서전이 열린다고 한다.

  1658년은 어린이 학습에 의미가 깊은 해다. 보헤미아(현 체코슬로바키아)의 교육학자인 요한 아모스 코메니우스에 의해 최초로 어린이 학습서가 출판된 해이기 때문이다. 독일 뉘른베르크에서 출판된 《세계 그림책》은 삽화가 들어간 라틴어책으로, 아동의 직관적인 이해를 돕기 위해 풍부한 그림 해석을 넣은 획기적인 초등 언어 교과서였다. 어린이 학습서에 설명문과 도표, 그림 삽입의 중요성을 처음 제기한 것이다. 코메니우스를 서양 교육사에서 시청각 교육의 선구자로 부르는 이유다.

  인쇄기 보급은 17세기에 어린이를 대상으로 한 싼 소책자 '채프 북'의 발행으로 이어졌다. 어른들을 대상으로 사랑 이야기나 연감, 점성술 도서 등으로 대표되는 대중적인 출판 전집이 출현하던 시기였다. 행상인이 큰길 옆이나 길모퉁이에서 팔곤 했던 이 소책자는 10쪽도 채 안 될 정도로 얇고, 삽화나 인쇄 상태도 엉성하기 짝이 없었지만, 저렴한 가격으로 많은 독자층을 공략할 수 있었다. 중세의 민화, 시, 우스개 이야기 등을 주된 내용으로 하면서.

  그러다 1662~1663년 영국 국교회 통일령 제정을 계기로 채프 북 시대는 막을 내린다. 엄격한 청교도주의와 도덕률이 출판물에 도입되기 시작했기 때문이다. 후에 '천국과 지옥' 종류라 불린 책들은 도덕적 공포감을 이용해 어린이들의 품행을 바로잡고자 했다. 예컨대 지옥에서 심하게 고통받는 어린이를 삽화로 그려

이 세상의 모든 행동은 사라지지 않고 지옥으로 영원히 이어진다는 교훈을 주고자 한 것이다. 오직 알파벳과 산수 교과서 속에서 지옥의 책들로부터 숨을 공간을 찾던 아동들에게 진짜 해방이 말 그대로 동화처럼 찾아온 것은 샤를 페로의 이야기책을 통해서였다.

그렇다고 해서 당시 작품이 현재의 동화와 같았다고 생각하면 오산이다. 사실《그림 동화》이전, 이를테면 바실레나 페로의 이야기들의 테마는 놀랍게도 '부도덕'의 전형이 많았다. 광기와 술취함, 사람이나 동물의 손발 절단, 절도, 허풍, 그리고 노골적인 인종 차별이나 성차별까지. 이것들이 이야기체로 얇게 포장되어 읽히고 있었다. 현대 성인들이 봐도 거북하고 불편할 정도다. 그렇다면 불후의 명작을 쓴 동화작가들은 부도덕하고 잔혹하기 이를 데 없는 주제나 구성 요소들을 어떻게 별다른 문제의식 없이 사용할 수 있었을까? 아동을 대상으로 한 이야기책이었음에도 불구하고.

그것은 당시 유럽인의 아동에 대한 시각과 밀접한 관련이 있다. 엘리자베스 왕조시대부터 19세기 직전까지 아동은 신체만 작을 뿐 어른으로 여겨졌다. 좁은 집에서 많은 가족이 빽빽하게 함께 살던 그 시절, 아이들은 어른과 함께 밤늦게까지 깨어 있었다. 어른들의 음담패설을 곁에서 듣고 배워 입에 담았으며, 흔하디흔한 술주정뱅이를 보며 일찍부터 술 마시는 것도 배웠다. 어른들의 은밀한 생활까지 아이들에게 노출되었고, 거리 광장에서 행해지는 공개 채찍형, 교수형, 내장 빼내기, 목매달기에 몰려든 구경꾼들 틈에도 아이들은 있었다.

그런 일상을 살다 보면 성이나 폭력, 잔학 행위나 죽음은 별로 신기한 일이 아닌 법이다. 어린이에게조차도. 그렇기에 그런 내용을 이야기로 들려준다는 것이 특별히 나쁘게 여겨지지 않던 시대였다. 아이들을 둘러싼 잔혹한 현실에 그나마 행복이 넘치는 꿈같은 이야기를 넣어준 것이 동화였으니.

하지만 그림 형제의 19세기, 일명 빅토리아 시대에 상황은 달라져 있었다. 18세기 영국에서 시작된 산업혁명의 여파는 19세기 이후 유럽 대륙에도 밀어닥치기 시작했다. 급속하게 산업화가 진행되면서 그동안 성인들이 일과 후 모여 이야기를 즐겼던 풍습은 사라진다. 그러기에는 다들 너무 바빠졌고, 가정과 일터 사이, 산업화가 만들어낸 계급과 계급 사이의 구분이 더욱 명확해졌다.

성인들의 즐길 거리에서 밀려난 이야기는 환상적인 내용과 함께 아이들의 오락으로 자리 잡았지만, 어른들은 따뜻한 난롯가에서 아이에게 옛날이야기를 들려줄 형편이 되지 못했다. 게다가 산업화 사회에서 세력이 커진 부르주아 시민 가정, 즉 공고화된 중간 계급을 중심으로 아동의 '교육'에 대한 관심은 날로 높아져 갔다. 출판업자와 비평가들, 특히 독자층은 아동을 위한 독서용 책을 요구하기 시작했다.

《그림 동화》의 제목처럼 진실로 어린이와 가정을 위한 메르헨이 필요한 시대였다. 빌헬름은 어린이들이 메르헨의 중요한 독자가 될 수 있다는 사실을 발견했고, 어린이들에게 필요한 도덕을 가르치려는 의도로 손질을 거듭했다. 그리고 이는 본래 메르헨을 수집한 형제의 의도에서 어긋난 행보였다.

민족의 민담에서
어린이 메르헨으로

　그림 형제가 메르헨을 수집한 것은 사실 독일의 민족정신을 밝히고 메르헨 연구의 학문적 토대를 마련하기 위해서였다. 특히 야콥의 학자적 관심이 주로 반영된 결과였는데, 여기에는 당시 독일의 분위기 또한 배경으로 작용했다.

　《그림 동화》가 출간되기 직전 독일은 1806년 신성로마제국 해체와 함께 프랑스군의 지배에 들어갔다. 나폴레옹전쟁에서 촉발된 통합 기운은 독일이 해방 전쟁의 선두에 서며 더욱 강해진다. 독일 정신과 민족적 주체성을 찾던 당시 사회 분위기가 이들 형제에게도 영향을 미친 것은 당연했다.

　이후 《그림 동화》는 판을 거듭했고, 1830년 형제가 괴팅겐대학 교수로 초청받은 해를 전후로 독일에서는 프랑스 7월 혁명으로부터 영향을 받은 자유주의 운동들이 일어났다. 이와 함께 '젊은 독일'과 같은 지적인 젊은 세력이 민주적인 사회 개혁을 요구하고 나섰는데, 이 영향으로 형성된 핍박받는 가난한 서민과 민중에 대한 열정이 그림 형제를 행동으로 이끈다. 실제 1848년 혁명 발생 후 그림 형제는 시의회 의원으로 선출되었고, 특히 야콥은 프랑크푸르트 국민회의를 대표하는 인물 중 한 명으로 여겨질 정도였다.

이런 그들의 민족주의와 자유주의에 대한 신념은 이후 혁명의 쇠퇴, 즉 보수주의가 대두하면서 둘 다 대학교수 자리에서 물러나야 했을 때도 영향을 미쳤다. 형제들은 이후 독일 언어 등에 관련된 저술 작업에 전념했는데, 그들의 작품이 독일 민족에게 바치는 긍지와 민중에게 정의를 실천하는 노력의 일환이기를 바라는 마음에서였다. 독일의 민족적인 민중 문화에 대한 관심과 사랑은 시종일관 이들의 저작 활동에 끊임없는 원동력이 되어준 것이다.

이 같은 맥락 속에서 형제의 최초 메르헨 수집은 나폴레옹 군대에 맞서 자유를 위해 투쟁할 수밖에 없는 현실에서 시작되었다. 독일적인 것을 추구하고자 한 형제들은 메르헨에 독일의 정신이 분열되지 않았던 시대의 이야기, 즉 게르만 신화가 온존하고 있다고 파악했기 때문이다.

형제는 초판 1권 서문에서 자신들의 메르헨 모음집이 헤센과 마인 등의 지역에서 구전된 것을 모았다고 출처를 밝혔고, 2권 서문에서도 진정한 '헤센 메르헨', 즉 독일의 메르헨임을 강조한다. 그 때문에 2판본에서는 초판에 수록했던 〈장화 신은 고양이〉나 〈푸른 수염〉을 삭제하기도 했는데, 페로의 이야기와 너무 유사하다는 이유에서였다. 하지만 이야기를 제공한 사람들의 신분이 프랑스 위그노 가계 출신임이 밝혀지면서, 그들의 모음집이 진정한 독일 메르헨인지 의문이 제기되었다. 이에 결국 2판 서문에서는 헤센 등지에서 모았다고만 밝힐 뿐 '진정한 헤센 메르헨'이라는 말은 생략된다.

그런데 《그림 동화》는 형제의 민족주의적인 집필 의도와 그 진정성과는 별개로 초판이 발표되자마자 격렬한 비판에 맞닥뜨렸다. 건강한 가정 질서를 무너뜨리는 부도덕한 내용이 많다는 이유에서였다. 당시 독일 시민 사회의 근엄한 분위기와 도덕률이 성적 민담이나 비윤리적인 내용에 대한 강한 거부감으로 발현되었기 때문이다.

사실 민족주의적 의도에서 출판되었기에 형제는 최대한 원형을 유지하려고 했지만, 페로나 이전 작품 등에 비해 잔혹함이나 선정성 등은 상대적으로 희석된 상태였다. 이는 형제의 인성에서 비롯되었다고 볼 수 있는데, 이들의 자서전과 그들이 남긴 대략 4천 통의 서신을 보면 남녀 간의 '사랑'에 관한 이야기는 거의 발견되지 않는다고 한다. 형 야콥은 평생 독신이었고, 단 한 번의 연애 사건도 기록된 것이 없다. 그의 삶은 오직 사전 편찬, 민담 수집, 자유주의 수호 등으로 점철되어 있었다. 전형적인 프로테스탄트의 엄격한 종교적 가르침을 받고 자란 배경도 한몫했을 법하다. 빌헬름은 느지막이 〈헨젤과 그레텔〉 이야기를 들려준 도르트헨이라는 여성과 결혼했는데, 독신이었던 야콥은 그들과 함께 살았다.

이야기 제공자의 성격도 그렇다. 형제들에게 이야기를 들려준 이들 대부분은 중상류층 집안의 교양 있는 여성이었다. 더욱이 모음집 초판 1권에 수록된 대표적인 이야기 제공자 중 마리 하센플르크는 헤센 주지사의 딸로 당시 20살을 갓 넘은 젊은 처녀였다. 양갓집 젊은 여성이 미혼 남성인 그림 형제에게 성적 또는 부도덕한 내용을 서슴없이 전할 수 있었으리라 생각하기는 어렵다. 형제의 누이동생 로테는 이후 〈백설공주〉 이야기를 들려준 마리의 하센플르크 집안으로 시집을 갔으니, 친근한 사이일 수도 있었겠지만.

이런 요인들의 결과물임에도 불구하고 독자들은 내용에 대한 비판을 가했고, 빌헬름은 결국 요구에 맞춰 2판 서문에서 "그리하여 우리는 아동에게 적절하지 않은 모든 표현을 신판에서 조심스럽게 정리했다"라고 밝히며 내용을 수정한다. 특히 초판 발행 이후 야콥이 다른 저술에 몰두하면서 2판 이후 작업 대부분은 빌헬름의 소관이 되었다. 학구적이고 진지하며 민담의 원형을 중시했던 야콥에 비해 빌헬름은 문학적 감수성과 현실감각이 높았다. 독자층이 아동이 되어 도덕적 기준이나 요구에 따라 변형이 요구되자 이에 곧바로 부응한 것이다.

성적 내용이나 근친상간의 모티브, 생모가 자식을 죽이려는 비윤리적인 요소 등 부적절한 내용이 삭제되거나 각색되면서《그림 동화》는 진지하며 경건하게 변화하기 시작한다. 마지막 7판은 결국 천진난만한 어린이의 꿈 이야기 같은 형태에 당시 사회가 아동에게 요구하던 품성들을 포함한 형태가 된다. 이것이 《그림 동화》가 동화로서만이 아닌 역사적으로도 주목할 만한 작품인 이유다. 50년이 넘는 시간 동안 개정을 반복하며 내용이 변화를 거듭했으니.

변화의 기준이 된 '도덕'이 그림 형제로 대표되는 그 시대 독일의 심성과 분위기를 반영한다고 할 때, 빌헬름이 메르헨에 준 내용 변화에는 당시 시대상이 투영되어 있다. 그리고 〈백설공주〉는 이를 보여주는 대표적인 메르헨이다.

살림 천재, 백설공주는 7살

 백설공주는 예뻤다. 공주의 엄마가 눈처럼 흰 살결과 피처럼 붉은 입술, 숯처럼 검은 머리카락을 가진 딸을 원했는데 그대로 태어났기 때문이다. 왕비는 아기를 낳고 얼마 뒤 세상을 떠났다. 1년이 지나 들어온 계모는 아름답기는 했지만, 자존심이 강하고 거만했다. 백설공주의 아름다움이 왕비를 앞지르자 질투와 오만에 사로잡힌 왕비는 백설공주를 죽이려 한다. 간신히 도망친 백설공주는 숲에서 일곱 난쟁이의 오두막을 발견해 머무는데, 조건은 그들을 위해 살림을 하는 것이었다.

 이후 난쟁이 집에서 다시 왕비와 대면한 백설공주는 레이스 띠와 빗으로 정신을 잃었다가 회복되지만, 결국 독이 든 사과를 먹고 죽음에 빠진다. 난쟁이들은 차마 묻지 못하고 유리관에 넣어 오랜 세월을 지낸다. 잠을 자는 듯 보였던 백설공주는 숲에

왔다가 발견한 왕자에 의해 죽음에서 깨어난다. 왕자의 궁으로 간 백설공주는 결혼했고, 결혼식에 온 왕비는 시뻘건 쇠 신발을 신고 쓰러져 죽을 때까지 춤추는 벌을 받는다.

《그림 동화》 중 53번째 이야기 〈백설공주〉는 일명 '추방당하는 아내 또는 소녀 이야기' 부류에 속한다. 이런 종류의 이야기는 마리 하센플르크가 이미 알고 있던 것처럼 《그림 동화》에서 최초로 등장한 것은 아니다. 이전에 바실레가 엮은 《펜타메론》의 〈소녀 노예〉에서 그 원형이 보이고, 요한 칼 무조이스의 《독일인의 민족 이야기》에 수록된 〈리힐데〉를 비롯한 무려 50여 가지 이야기에서도 찾아볼 수 있다. 물론 〈백설공주〉는 이들 내용과 차이가 있을 뿐 아니라 《그림 동화》 내에서도 계속 변화하는 메르헨이 된다.

왕비가 계모가 아닌 친모였으며 아버지인 왕과의 근친상간 때문에 친모가 딸을 죽이려 했다는 것은 어린이에게 읽히기 위한 동화 내용으로는 부적절하다고 여겨 수정된 첫 번째 내용에 속했다. 물론 그 결과 계모는 사악함의 상징으로 극대화되고, 아버지는 계모를 맞은 뒤 행방이 묘연한 부재중의 인물로 그려질 것이었다.

난쟁이 오두막에 대한 묘사도 판이 거듭되면서 변한다. 1810년 난쟁이들의 집 안에는 탁자와 7개의 접시, 숟가락, 포크, 칼, 컵, 침대가 있었다는 표현만 있지만, 첫 번째 개정판에는 여기에 더해 '모든 것이 작지만 귀엽고 깨끗하다'라는 주관적인 판단이 들어 있다. 그러다 최종본에는 '믿기 어려울 만큼 깔끔하고 깨끗하게 정돈되어 있었다. 식탁에는 하얀 보자기가 깔려 있고, 작은 침대 위에는 새하얀 요가 덮여 있었다.'라는 묘사가 더해진다.

백설공주의 미모는 세상에서 가장 아름다운 계모를 넘어 목숨을 위협받을 정도다. 그래서 쫓겨난 7살의 공주에게 난쟁이들은 숙식을 제공하는 대가로 살림을 요구한다. 일곱 난쟁이 집에서 지내기 위해 1810년의 공주는 '요리를 해야' 했지만, 1812년부터 요리 외에 바느질, 침대 정리, 빨래, 뜨개질, 집 안의 정리정돈도 해야 한다. 그리고 이에 거부감을 표현하거나 저항하지 않는다. 백설공주가 난쟁이의 요구에 이의를 제기하거나 자신이 처한 난감한 상황에서 벗어나려고 노력했다는 내용은 메르헨에서 보이지 않는다. 오히려 이 상황에 만족해하는 것 같다.

난쟁이의 집 묘사를 보는 아이들은, 집이란 자고로 깨끗하고 질서정연한 모습이어야 한다는 것을 배울 듯하다. 그리고 그것은 남성인 난쟁이들이 외부 일을 하는 동안 여성인 백설공주가 집 안에서 해내야 하는 과제다. 요리와 바느질, 빨래, 뜨개질, 침대 정리 등으로 구성된 살림을. 이를 통해 하얀 식탁보에 눈처럼 하얀 시트가 깔린 깨끗한 가정이 유지되는 것이기 때문에 역할을 하지 못하면 심지어 쫓겨나야 한다. 이는 당시 독일인이 생각하던 가정과 사회의 모습, 그리고 그것을 유지하기 위해 아이들에게 가르치고자 했던 내용을 보여준다.

이 무렵 독일을 비롯한 유럽에는 자본주의 산업화가 정착되어

가고 있었다. 부르주아 시민계급, 일명 중간 계급이라 위치 지어진 이들은 전통적 시민인 교양 시민계급에서 수공업자들이 경제력을 축적함에 따라 부상한 계급에까지 스펙트럼이 확대되었다. 이들을 노동자 계급과 구별시키는, 즉 중간 계급의 정체성을 형성하는 데 중심 역할을 한 것이 가족과 가정이었다. '훌륭한 가정'. 이들이 표방하는 가정의 형태가 확립되고 미화되면서, 영국이나 프랑스에서 시작된 '근대적 가족' 형태는 심지어 제국의 식민지에까지 전파될 예정이었다.

이들 가정에 획일적인 형태는 없지만, 많은 이들은 그것이 어떻게 운영되어야 하는지에 대한 강한 확신은 있었다. 이는 아내나 어머니가 배우자에게 복종하는 삶을 살며 외부로부터 '분리된 영역'을 차지하는 것이다. 물론 여기에서 분리는 남녀의 영역이 서로 보완적 관계라는 것을 강조하기 위함이었고, 그래서 남녀 결합 사이에는 '애정'이라는 것이 필요하다고 여겼다. 그들은 자신들이 무너뜨려야 했던 귀족처럼 권력과 특권을 축적하기 위해 혼인을 한 것이 아닌, 상호 존경과 책임 분할에 입각한 것이라고 주장했다. 남성은 일터를 여성은 가정을 지킴으로써.

'훌륭한' 중간 계급 여성은 노동계급 여성의 운명이었던 끊임없는 노동에서 벗어났다. 대신 '집안의 천사'라고 불린 이들은 자녀를 도덕적으로 교육하고 주부로서 집안을 부드럽고 조화롭게 운영해야 하는 책임을 맡았다. 이 때문에 가사에 충실해야 하는 여성의 덕목은 중요하게 강조되었다. 살림은 세상에서 가장 예쁜 공주가 해야 하는 일이라는 듯이.

  더욱이 훌륭한 아내이자 어머니가 되려면 고상한 인품이 요구되는 법이었다. 백설공주처럼 배려와 신앙심도 깊은 인품 말이다. 예컨대 한 사람분만 모두 없애고 싶지 않아서 난쟁이의 그릇마다 조금씩 골고루 먹고, 포도주도 모든 컵에서 한 방울씩 입안에 떨어뜨린 것처럼. 처음 간 오두막에서 잠들기 전에 침대에 앉아 기도한 다음 달콤한 잠에 빠지는 신앙심은 기본 중의 기본일 것이다. 이 같은 다양한 배경 속에서 살림의 중요성은 대두되고 가정 내 여성의 활동과 성품은 미화되었다. 중간 계급에 속하지 못한 노동자 계급의 여성들에 대한 부정적인 인식이 형성된 것은 당연했다.

  물론 살림이 가정 외부 사회에서 행해지는 노동보다 중요하지 않다는 말은 절대 아니다. 인류의 미래를 볼 때 아이를 바르게 자라게 하고 가정을 살리는 살림보다 더 중요한 일이 있겠는가. 인구 감소가 대한민국의 가장 크고 심각한 문제라는 것을 누구나 뼈저리게 느끼는 작금의 상황에서. 문제는 누군가 정해놓은 일 외에 다른 선택지가 존재할 수 없는 상황 속에 남성과 여성이 처한 비극을 이야기하는 것이다.

  중간 계급을 이어갈 남자 어린이와 여자 어린이라면 이 모든 것에 대한 내면화가 필요했다. 노동계급의 아이라면 이를 얻기 위한 꿈을 꾸었을 것이다. 최대한 어릴 때, 로크의 말처럼 백지상태에 최대한 가까울 때부터 말이다. 태어나서 말귀를 알아듣기 시작할 무렵부터 예쁜 공주가 집안일을 열심히 해야 쫓겨나지 않고 왕자를 만나 행복하게 살 수 있다는 내용을 들은 여자 어린이들이 어떻게 자라날지 생각하는 데는 그리 큰 상상력이 필요하지 않다. 7살 백설이를 비롯한 《그림 동화》 속 여주인공들이 순종적이고 저항하지 않으며, 살림하고 보살피는 아내와 어머니의 역할을 준비하는 여성으로 이상화되고 있던 이유다.

백설공주는 왜
사과를 먹었을까

 자, 이제 드디어 7살의 백설공주가 사과를 먹는다. 이 장면도 역시 진화에 진화를 거듭해왔다. 처음에는 '백설공주가 여자에게 문을 열어주기를 경계했다. 하지만 노파는 백설공주에게 창문을 통해 사과를 넣어주었다. 백설공주는 예쁜 사과를 한입 먹었는데, 붉은 쪽이었다. 그러고는 바닥에 쓰러져 죽었다.'라며 사실 기록이 담백한 편이다. 그러다 '백설공주는 시골 아낙네가 직접 사과를 베어 먹는 것을 보고는 자기도 먹고 싶은 욕구가 점점 커졌다. 결국 창문을 통해 나머지 반쪽을 주도록 했고 한입 물었다. 한입 물자마자 백설공주는 바닥에 쓰러져 죽었다.'라고 하며 금지된 것을 향한 백설공주의 욕망이 추가되었다.
 결국에는 이렇게 완성된다. 백설공주는 예쁜 사과를 탐냈다. 사과는 붉게 물들어 멋있게 보였기 때문에 맛보고 싶었다. 시골 아낙네가 반을 먹는 것을 보고는 욕망을 자제할 수 없었다. 싱싱한 사과에 군침을 흘리던 백설공주는 더는 참지 못하고 창문에서 손을 뻗어 독이 든 사과 반쪽을 가져갔다. 그리고 조각을 깨물자마자 그대로 죽은 듯이 쓰러졌다.

개작이 진행됨에 따라 계모 왕비는 점점 더 악한 인물로 변해간다. 그녀 외에는 아무도 들어가 본 적 없는 외딴 비밀의 방으로 가 그곳에서 딸을 죽이기 위해 무서운 독 사과를 만들어내는 왕비의 모습이 어린아이에게 어떻게 보였을까? 백설공주를 죽이려는 왕비가 친모였다가 계모로 바뀐 것은 독자들의 반발 때문이었을 것이다. 엄마들을 보호하고 아이들이 불안에 떨지 않도록 그렇게 했을 수도 있다. 하지만 친모든 계모든 백설공주의 적은 나이가 들면서 아름다움이 떨어진다고 평가되는, 경쟁 상대인 같은 여자라는 데 관전 포인트가 있다.

왕비로 대표되는 여성에 대한 부정적인 묘사는 당시의 기독교적 여성관과도 연관이 있다. 기독교 교리가 확립되면서 여성은 죄의 근원이며 이성적인 남성에 비해 감정적 존재라는 인식이 고착되었다. 그림 형제 역시 프로테스탄트적인 정신, 즉 엄격한 성경에 대한 믿음과 검소한 생활 분위기 속에 자라났다. 그들의 여성은 아름다움에 집착하는 것으로 그려지는데, 이는 왕비만이 아닌 백설공주도 마찬가지다.

사실 백설공주는 예쁘다. 심지어 백설공주의 아름다움은 판이 거듭될수록 계속 반복되어 강조된다. 처음에는 백설공주가 왕비보다 10만 배는 더 예뻤다고 제시되는 것 외에 아름다움에 대한 언급은 없다. 그렇지만 이후 백설공주를 죽이라고 명령받은 사냥꾼도 그녀가 불쌍해서(예쁘기 때문에) 살려주고, 난쟁이가 그녀를 받아들이는 것도 "어쩌면 이리도 아름다울까!" 감탄할 만큼 예뻐서, 왕자가 죽은 백설공주를 보지 않고는 살아갈 수 없을 것같이 사랑에 빠지는 것도 '아름다운' 백설공주가 누워 있는 관을 본 때문이다.

이렇게 아름다운데도 불구하고 백설공주는 계속 예뻐지기를 원하는 것으로 그려진다. 그 때문에 왕비의 속임수에 넘어간다고 묘사되었다. 왕비가 처음 가져온 끈은 허리를 '날씬하게 졸라매는 레이스' 허리띠로 온갖 빛깔의 비단실로 짠 것이다. 이는 외형적으로도 예쁘지만, 그리스 신화 속 아프로디테 여신의 부수물이기도 할 만큼 여성의 아름다움을 상징한다.

마찬가지로 두 번째 왕비가 가져온 빗은 풍요나 비, 태양광선을 상징하는데, 이와 함께 미인과 여신의 상징인 길고 잘 빗어진 머리카락을 만들어주는 중요한 도구다. 중세에서 근대까지, 혹은 현대까지 일부에서 아직도 이어지는 유럽에서의 가발 착용 풍습은 그들이 머리카락에 어떤 의미를 부여하는지 보여준다.

예뻐지고 싶은 욕망을 가진 백설공주는 호기심도 참지 못하는 여성으로 변화된다. 처음 공주가 왕비에게 문을 열어주지 않으려 하자, 왕비가 사과를 창문을 통해 안으로 넣는다. 다음에는 공주가 사과를 보니 '먹고 싶어졌다'라는 내용의 서술이 들어가면서 왕비에게 사과를 창문 안으로 '넣도록' 한다. 완성된 〈백설공주〉는 사과를 보고 더 극렬하게 먹고 싶다고 생각한다. 더 나아가 '스스로 손을 뻗쳐' 사과를 받아먹는다. 즉 백설공주가 금기를 깨고 사과의 유혹에 빠지는 것이 더 강하게 묘사되어 있다.

여기서 주목할 만한 점은 백설공주가 꼭 '사과'만 먹을 필요는 없었다는 것이다. 예컨대 무조이스의 메르헨 모음집 속 리힐데처럼 향기 좋은 비누, 독이 묻는 편지와 함께 독이 든 '석류' 열매를 먹고 죽었다가 살아날 수도 있었다. 다른 민담에서처럼 여주인공이 유리산에 찾아온 왕비에 의해 독이 든 '무화과' 열매로 죽을 수도 있었다. 심지어 플랑드르나 에스파냐 지방의 이야기에서처럼 '마법의 반지'나 '매혹적인 신발'이 그 역할을 할 수도 있었다. 살아난 공주가 남자의 청혼을 거부할 수 있던 것과 같이 가능성은 무궁무진했다는 뜻이다. 그런데 백설공주는 '사과'를 먹었다.

이쯤이면 생각할 수 있을 듯하다. 그림 형제가 독실한 프로테스탄트적 교육 환경에서 자라났음을 고려해보면서, 이 역시 선악과의 모티브가 작용한 결과로 조심스럽게 추측할 수 있는 부분이라는 것을. 《성경》 〈창세기〉편에서 '사과'로 간주된 선악과를 먹은 이브가 인류에게 죄와 죽음을 가지고 온 것이 아니었던가. 게다가 〈백설공주〉 속 사과는 '겉에서 보면 하얗고 발그스름한 것이 아주 먹음직스러웠다.'라고 표현되어 있다. 《성경》에서 '먹기에도 좋고 눈으로 보기에도 좋으며 지혜롭게 할 만큼 탐스러워 보였다.'라는 선악과에 대한 묘사와 비슷하다.

공주의 금기를 깬 호기심에 대한 대가는 《성경》과 마찬가지로 죽음이었다. 기독교적 세계관으로 둘러싸인 그 시대에 그런 여성을 죽음으로 이끄는 데 '사과'만큼 좋은 알레고리가 또 있겠는가. 죽은 여성을 다시 살릴 수 있는 것은 또한 왕자로 대표되는 남성 아담과의 결혼일 것이고.

사실 백설공주가 살아나는 장면도 개작되었다. 초판본에는 온종일 죽은 공주를 안고 있어야 한다는 명령에 분노한 왕자의 시종이 그녀의 등을 때려 사과가 튀어나와 살아났다. 그러다 관을 지키는 시종이 그게 싫어서 백설공주를 흔들다가 살아나는 것에서, 마지막에는 관을 들고 가던 시종이 비틀거리는 '실수'로 독 묻은 사과 조각이 목구멍에서 나오는 것으로 변한다. 그렇다면 자신을 살려준 사람과 결혼해야 할 운명의 공주라 할 때(잠자는 숲속의 미녀 모티브를 참고한다면) 백설공주의 결혼 상대자는 그 시종이어야 하지 않나? 백설공주는 생면부지 왕자를 보고 어떻게 믿음직한 생각이 들었단 말인가? 남자아이들도 시종이 아닌 '왕자'가 되고 싶다는 꿈을 당연히 꿀 것 같다. 물론 이 '공주'류 메르헨을 읽는다면.

백설공주 내러티브를 여성의 성숙이라는 정신분석학 측면에서 보는 시각도 있다. 끈과 빗이라는 아름다움만을 끝까지 놓지 못한 여인은 미성숙할 수밖에 없다. 그러다 사과로 대표되는 지혜라는 죽음을 통해 이전의 자신과 결별하면서 성숙하는 시간을 지난다. 죽음에서 깨어나면 자기 내면에 있는 억눌렸던 '남성성'과 다시금 결합함으로써 성숙으로 나아간다는 시각 말이다. 결국 〈백설공주〉 메르헨에서 만난 사과 역시 수 세기에 걸친 유럽 역사의 얽힘과 그림 형제라는 작가의 삶에 대한 반향 속에서 '죽음'이면서도 '지혜'의 상징으로 등장하고 있음을 알게 된다.

하지만 21세기 현재. 7살 백설이가 집안일을 하다 사과를 먹은 뒤 죽고 관 속에서 성장해 왕자를 만나 행복해진다는 메르헨이 여전히 읽히고 있는 요즘, 이처럼 메르헨에 내포된 거대한 과거 시대적 요구가 아이들에게 아무런 설명 없이 읽힌다면, 우리의 백설이들과 이름 없는 왕자들의 마음에는 어떤 미래가 자라날까? 그것이 가정과 사회 속에서 발현되면서 어떤 모양으로 어린이들에게 생채기를 낼 것인가? 시대가 바뀌어도 여전히 200년 전과 같은 내용으로 아이들에게 읽히는 《그림 동화》를 보며 고민 한 자락을 풀어놓는다.

이제는 어린이들이 사과를 먹고 죽음에 빠지는 예쁘디예쁜 여성을, 그들을 구원하기 위해 왕자가 되어야만 하는 힘겨운 남성을 목표로 살지는 않았으면 하는 작은 바람과 함께. 각자 좋아하는 분야를 맡아 서로의 영역을 존중하고, 남녀를 떠나 사람으로서 안과 밖의 '살림'을 해나가는, 그런 마음이 담긴 '사과' 이야기가 언젠가는 탄생하기를.

6장

진실을 그리고
전설이 되다

예술

●

사과에서 찾아낸 사람과 자연, 그리고 사물의 진정한 본질

/

콜럼버스가 신대륙을 발견했다면, 세잔은 색채와 형태가 완벽하게 조화를 이루는 표현 방식을 찾아냈다. 그는 기존의 체계적이고 과학적인 원근법을 과감히 무시하고, 당대 화가들이 개척한 빛의 색 또한 개의치 않았다. 그는 변하지 않는 사람과 자연, 그리고 사물의 진정한 본질을, 그 속에 담긴 진실을 찾아내려 했고, 마침내 '사과'에 그만의 세계를 담았다. "그림을 그리다가 죽고 싶다."라던 그는 그렇게 삶의 마지막 순간까지 붓을 들고 있었다.

피카소의 이유 있는 극찬

　1937년 5월부터 열린 파리만국박람회(정식 명칭은 '근대적 삶의 미술과 기술의 만국박람회')는 제2차 세계대전(1939~1945년)의 전야제와 같았다. 스탈린과 히틀러가 독소전쟁을 예고라도 하듯 파빌리온(전시용 가설 건축물)들을 마주 세워 경쟁시킨 가운데 에스파냐 파빌리온에는 거대한 벽화가 걸린다. 〈게르니카〉. 프랑코를 지원하며 에스파냐 내전에 개입한 히틀러의 비행기들이 바스크 지방의 무방비 소도시 게르니카에 폭탄을 퍼부은 사건이 주제였다.

　파블로 루이즈 피카소의 저항심을 담은 이 작품은 가로만 8미터에 달하는 대작이다. 반전(反戰) 미술의 대표로 각인된 이 작품으로 세계 역사는 게르니카에 가해진 폭력의 참상을 기억할 수 있다. 그뿐 아니라 20세기 미술계에서 강력한 힘을 발휘한 단한 명의 예술가를 꼽을 때마다 피카소를 떠올리도록 만들었다.

권력자임을 스스로 인식하는 자가 그러하기 쉽듯 피카소 또한 미술계의 황제로서 자신감이 넘친 인물이었다. 그에게 애정을 다했던 여성들뿐 아니라 다른 예술가들도 무시했고 괴팍하게 굴기 일쑤였다. 예술가들의 예술가였던 그의 태도는 거칠 것이 없다고 말하는 듯 보였다. 하지만 그런 그조차 존경심을 표하며 고개를 숙이는 화가가 있었다. 19세기 말 프랑스 출신의 화가 폴 세잔. 피카소는 그에 대해 이렇게 말했다.

"세잔은 나의 유일한 스승이며 우리 모두의 아버지와 같다."

그에게 바쳐진 이 같은 후대 화가들의 경외심으로는 상상조차 할 수 없을 만큼 세잔의 화가로서 인생은 거칠고 외롭기 짝이 없었다. 지방 출신 세잔이 출사표를 던진 예술계의 중심 파리는 모든 전통과 권위가 그렇듯 절대 녹녹하지 않았기 때문이다. 그의 작품과 생각을 이해하려 하지 않은 세상은 그에게 포기하라며 수십 년 동안 몰아붙였다. 세잔은 그래도 끝까지 캔버스 앞을 떠나지 않았다.

이윽고 미술계 전체에 큰 파고를 몰고 온 그는 살아 있을 때 이미 현대 미술의 기원을 상징하는 전설적인 인물이 되었다. 그리고 인정받지 못했음에도 끈질긴 화가로서의 삶, 그런 그를 통해 르네상스 이래 미술계에 신대륙이 개척된 역사의 한복판에도 역시 사과가 있다.

세잔을 거부한 권위들

1800년대 중반, 파리에서 열차로 16시간이나 가야 도착할 수 있던 남프랑스의 엑상프로방스. 이곳의 애칭 '엑스'의 기원은 로마 시대까지 소급된다. 장군 섹스티우스가 물이 풍부한 이곳을 '아쿠아에 세쿠스티아에'라고 부른 것에서 비롯되었다고 하니. 이름처럼 온천이나 샘, 분수가 많고, 생트 빅투아르산과 푸르게 일렁이는 바다를 둔, 그야말로 자연의 풍성함을 누릴 수 있는 곳이다. 엑스에서 1839년 1월 19일 태어난 세잔은 22살 때 파리에 처음 발을 디딘 후 평생 파리와 함께 이곳에도 삶을 나누어 놓았다. 물론 어느 곳에서도 오래 정착하지 못했고 계속 거처를 옮겨 다녔지만.

야심 많은 아버지 루이 오귀스트는 자수성가한 인물로 세잔이 9살 되던 해 엑스에서 유일한 은행의 은행장이 된다. 자 드 부팡이라는 저택을 별장으로 소유할 수 있을 만큼 성공한 삶이었고, 덕분에 세잔은 초등학교 이후 부유한 자녀들이 다니는 학교만 다녔다. 하지만 태도가 거칠고 문맹에 가까웠던 아버지는 부르주아 사회에서 졸부 취급을 받으며 무시당하기 일쑤였다. 세잔이 1857년 친구 따라 지베르의 야간 데생반에 엉겁결에 등록하면서 그림을 처음 접할 수 있었던 것도 아버지가 앞으로 아들의 부르주아 삶의 교양에 그림이 도움될 것으로 판단했던 때문이다. 세잔은 화가가 되려는 꿈을 품었지만, 아버지는 아들이 명예로운 법대에 입학함으로써 자신을 부르주아 세계에 입성시켜주기를 원했다. 세잔은 마지못해 따랐다.

하지만 세잔이 그린 자 드 부팡 거실 벽의 벽화는 결국 아버지에게서 파리 상경 허락을 얻는 데 성공하게 한다. 아름다운 휴양 도시 니스가 프랑스 영토가 되며 이탈리아에서 벗어난 이듬해인 1861년이었다. 당시 파리의 화가 지망생들처럼 그도 화실에 다니기 시작한다. 자신이 원하던 삶이 시작되었고, '아카데미 쉬스'라 불린 그곳에서 일생 친구가 될 카미유 피사로와 아르망 기요맹을 만났다. 하지만 그동안 고생을 모르고 자란 22살의 부잣집 아들은 놀라울 만큼 화려한 파리가 견디기 힘들었다. 엑스에 대한 그리움에 6개월 만에 다시 내려간 세잔은 아버지의 은행에 들어간다. 이번에는 파리가 그리워진다. 엑스에서는 파리를, 파리에서는 엑스를 그리워하며 살아갈 평생의 시작이었다.

1862년 세잔은 항상 그의 편이던 어머니를 비롯한 가족의 성원에 힘입어 파리로 돌아간다. 심지어 아버지도 응원을 아끼지 않았는데, 이번에는 그가 국립 미술학교 에꼴 드 보자르 입시에 도전하는 수험생 신분이었기 때문이다. 예나 지금이나 동서를 막론하고 절절한 부모 심경은 마찬가지였겠지만 안타깝게도 그는 낙방했다. 아버지는 생활비를 반으로 줄여 보내며 그림을 그만두라는 신호를 보냈고, 이는 세잔 생애 내내 이어지며 압박이 될 터였다. 하지만 이제 세잔은 달랐다. 그답지 않게 인내하고 견디며 화가로서의 삶을 선택한다. 미술학교 입시에 실패했다고 모두가 히틀러가 되는 것은 아니다. 그리고 그가 파리에 안착하고 그림 작업에 전념한 해인 1863년, '마네 스캔들'이 터지며 파리 미술은 수십 년간 벌어질 일련의 소동에 휩싸인다.

1863년 당시 프랑스 제2제국을 이끌던 나폴레옹 3세는 '살롱'에서 낙선한 화가들에게 '낙선자 전람회'를 열어주었다. 살롱은 국가 주관 공식 전시회로, 루이 14세 시절 콜베르가 기획해 1667년 팔레 루아얄 안마당에서 그림들을 전시한 것이 최초였다. 이 전람회는 루브르궁으로 옮겨졌다가 루이 15세 때 대규모 살롱으로 발전한 뒤 아카데미의 지휘하에 미술 발표 기관으로 기능을 담당한다. 이후 매해 늦은 봄 파리에는 화가 수천 명의 그림이 몇 주 동안 전시되었다. 특히 관람료가 무료였던 개회식에는 잘 치장한 수천 명의 부르주아 인파가 몰리곤 했다. 그림을 보기 위해서만이 아닌 일종의 위세 과시와 '사교'를 위해서였다.

사실 예술의 향유는 오랜 세월 왕가와 귀족의 특권이었다. 하지만 19세기 중반 문학과 미술 분야에서는 '부르주아'가 자주 등장한다. 이는 급격한 산업화로 괄목할 만한 성장을 이룬 그들의 부(富)에 의해 예술이 영향을 받았기 때문이다. 특히 그림은 부르주아의 관심이 쏠리는 대상이었고, 그래서 화가들은 이들의 반응에 주목했다. 1863년 낙선자 전람회를 찾은 부르주아들은 대체로 자신보다 뛰어난 사람들의 판정에 승복하기를 거부한 풋내기들을 비웃기 위해 그곳에 갔다. 그리고 에두아르 마네의 작품을 찾아냈다.

〈풀밭 위의 점심 식사〉. 본래 마네가 붙인 제목은 〈일광욕〉이었으나 사람들이 조롱하는 투로 부른 것이 그대로 굳어진 작품이다. 이 작품 속에서 관람객은 정장 차림의 두 남자 옆에서 벌거벗은 채 자신을 똑바로 응시하는 나체의 여성을 만났다. 역사적 존재가 아닌, 일상 속 주변 어디에서나 마주칠 법한 평범한 살아 있는 '실제'였다. 그간 사람들이 회화에서 접해왔던 나체는 여신이나 역사 속 주인공들이었기 때문에 그 '개인'적 존재는 충격적이었다. 관람객과 비평가들은 당황했고 '저속'하다며 야유를 퍼부었다.

세잔은 1866년에 이 그림을 접하고 비판했지만 다른 면에서였다. '색은 풍요롭지만, 깊이가 없다'라는, 앞으로 세잔이 걸어갈 길을 예견해주는 듯한 일종의 놀라운 통찰로부터 나온 것이었다. 하지만 미술사가 증명하듯 마네의 작품은 당시 젊은 화가들에게 가공할 만한 영향을 미쳤고, 여기에는 세잔도 포함되었다.

세잔도 살롱에 도전하기 시작한다. 19세기 당시 젊은 화가들이 자기 작품을 알리고 명성을 얻을 길은 살롱뿐이었다. 하지만 마네와 그 동료들을 비롯해 세잔 또한 늘 낙선의 고배를 마셨다. 자손이나 화상들의 회고에 의하면 세잔은 참을성이 매우 부족한 인물이었는데, 예술에 있어서만은 타의 추종을 불허할 인내심을 발휘하곤 했다. 끊임없이 거절당했음에도 불구하고 22년 동안 거의 매해 살롱에 출품하면서. 유일한 1882년의 당선도 친구 기유메가 심사위원으로 낙선한 작품 중 하나를 임의로 선별할 수 있는 권리를 이용해 뽑아준 것이었다. 이는 친구의 제자로 취급당했다는 것을 의미했지만 아무래도 괜찮았던 것은 그만큼 절실했던 때문이리라. 아버지가 사망한 1886년, 그는 47세가 되어서야 출품을 중단한다. 살롱에서 상을 받아 화가로서 인정받고 싶던 아버지가 더는 존재하지 않기 때문이었을까?

세잔의 작품은 결국 살롱을 포함한 비평가들로부터 인정받지 못했고 조롱당하며 푸대접을 받았다. 그래도 그는 외친다. 비웃으려면 마음껏 비웃으라고. 나는 소신대로 할 용기가 있으며, 그들의 웃음은 마지막이 될 것이라고. 당시 미술계가 이토록 세잔을 거부한 이유와 이에 대한 세잔의 도전에 내포된 역사적 가치는 언제나 그렇듯이 유구한 시간의 흐름 속에서 바라볼 때라야 명확하게 그 모습을 드러낸다. 그리고 그 역사는 15세기까지 거슬러 올라가야 한다. 르네상스가 해결한 회화 공간의 방법을 지속해 온 미술사 500년 전통을 세잔이 깨버렸기 때문이다.

피렌체에서 파리까지

   15세기 이탈리아 르네상스 거장들의 위대함은 말할 나위도 없다. 학문에서뿐 아니라 미술도 그렇다. 조화와 균형을 이룬 고대 건축 양식에 관한 지식, 아름다운 인체를 완벽하게 표현해내는 해부학적 지식에 과학적인 원근법의 발견. 이 모든 것이 중세 신비주의적 세계에 대한 현실 세계의 발견, 초월적 세계에 대한 구체적인 세계의 파악이라는 엄청난 의미였다. 특히 '원근법'에는 '시각'에서의 전형적인 방식으로 서구인에게 자리할 위대함이 있었다.

   르네상스 시대 철학자이자 건축가인 레온 바티스타 알베르티는 고전의 아름다움을 찾아내는 것에서 출발해 건축을 설계한 인물이다. 이는 후에 바로크 양식에 큰 영향을 줄 터였다. 그는 《회화론》을 통해, 당시 세상을 모방하는 데 그친다고 여겨져 천

대받던 회화를 구제해낸 것으로도 유명하다. 이를 위해 상당히 '과학'적 근거로부터 출발하는데, 1권은 무려 광학과 기하학, 수학의 원리에 따라 회화의 구성과 제작 방식을 설명한다. 회화가 엄격한 학문적 원리를 따르는 지적 활동임을 보이려 한 것이다.

여기서 나아간 그는 다른 지적 활동보다 가치 있는 회화만의 고유한 능력도 다룬다. 인간과 자연이 포함된 세계 모습을 본래 상태보다 더 아름답게 표현할 힘을. 원근법의 유용성은 여기에 있다. 고정된 주체가 고정된 시점에 서서 대상과 적정한 거리를 유지하며 대상을 바라보는 원근법은 공간의 깊이를 정확하게 파악하게 했다. 여기에 빛에 의해 대상의 정확한 묘사까지 이루어지면서, 과학적 방법은 회화 속에 외부 세계를 조화롭고 아름답게 재현하기 위한 지적 수단이 된다. 이제 보이는 것과 그에 수반된 빛에 대한 무한한 신뢰는 미술계의 상식처럼 되어갔다.

16세기 초 회화는 미켈란젤로, 레오나르도 다 빈치, 라파엘로 산치오, 티치아노 베첼리오 등에 의해 최고로 완벽한 경지에 도달했다고 여겨지는 듯했다. 이들을 극복하고 능가하는 것이 과제로 주어진 유럽의 회화사는 한스 홀바인, 피터 브뤼겔, 피터 파울 루벤스, 반 다이크를 지난다. 그리고 17세기 네덜란드의 황금기를 연 렘브란트 판 레인의 탄생을 맞는다. 네덜란드의 독보적인 화가이자 미술사상 가장 위대한 화가 중 한 사람이 될 그를.

렘브란트는 다른 어떤 거장들보다 유독 친숙하게 느껴지는 화가다. 셀 수 없이 많은 자화상에서 그의 생애를 볼 수 있기 때문일 것이다. 성공한 인기 작가였던 젊은 시절부터 파산의 비애를 맛보고 가족을 먼저 떠나보낸 뒤 외로운 노년에 이르기까지. 마치 가족이나 친구처럼 말이다. 아름답다고 생각되기 힘든 얼굴을 감추는 대신 성실하게 관찰해 완성한 그의 눈빛은 보는 이의 마음마저 읽어내는 듯하다. 미완성작 〈탕자의 귀환〉은 말년의 자화상 같은 작품이라고 하는데, 탕자의 무릎 꿇은 뒷모습 속에서 발바닥마저 우는 듯 보이는 그의 표현이 작품의 위대함을 더해준다.

18세기 말에서 19세기 초 혁명의 시대를 지나며 상전벽해를 겪은 것은 미술사도 다른 역사와 마찬가지였다. 사실 르네상스 이후에도 여전히 미술은 귀족과 상층 부르주아, 즉 상류 계급의 생활 속에 당연하고 자연스럽게 위치했다. 중점을 두는 관심이 유행에 따라 인물의 구성인지 색채의 조화나 극적인 표현인지 등만 다를 뿐이었다. 진정한 미(美)가 무엇인가에 대한 논쟁은 계속되었을지언정 미술은 원하고 즐기는 사람에게 아름다움을 제공하는 데 목적이 있었고 여기에 의문의 여지 따위는 없었다.

그런데 혁명은 이를 바꾸어버린다. 바로크나 로코코 양식에 대한 저항에서 나온 계몽주의, 그리고 이에 반발한 낭만주의는 예술의 분위기를 변화시켰다. 그러나 더욱, 완전히, 혁명적인 것은 회화 제작 과정에 구조적인 변화가 일어났다는 점이다. 이 시기 길드 조직의 붕괴와 수공업의 쇠퇴는 그간 장인에게서 도제로 전승되는 손기술, 작업이라 여기던 관점으로부터 회화를 탈출시켰다. 거기에 계몽주의의 확산으로 싹튼 자의식은 회화를 아카데미에서 가르쳐야 하는 철학과 같은 하나의 과목으로 변화시킨다.

아카데미는 본래 그리스의 철학자 플라톤이 제자들을 가르쳤던 학당 '아카데메이아'에서 유래하는데, 르네상스 이후 학술단체나 학회 등 점차 학자의 모임을 가리켰다. 미술가는 자신들도 철학자와 같은 수준임을 강조하기 위해 그들이 모이는 장소를 아카데미라고 칭하기 시작했다. 18세기 이후 아카데미는 학생들에게 미술을 가르치는 기능을 떠맡았다.

그러다 보니 문제는 아카데미의 결과물을 기꺼이 사려는 사람들의 존재 여부였다. 이전에는 장인으로서 교회나 왕족, 귀족에 소속되어 작업하면서 경제적 문제를 해결하고 명성도 얻을 수 있었지만, 이제 그 구조는 더는 유효하지 않았다. 그래서 오랜 고민 끝에 아카데미가 내놓은 것이 작품의 '전시회'였다. 아카데미 회원들의 작품을 매년 전시해 사람들에게 보여주는 아이디어는 대체적으로는 성공적이었다. 연례 전시회들은 결국 상류 사교계의 화젯거리를 제공하는 사회적 행사가 되었으며 미술가들에게 명성을 가져다주거나 빼앗기도 하는 공간이 된다. 프랑스의 살롱처럼.

한편 화가들은 그동안 제약을 가져왔던 교회 등의 입맛에 맞는 종교적·신화적 색채 혹은 우화적 색채의 그늘에서 벗어나 새로운 종류의 주제를 찾을 수 있었다. 풍경이든 과거 역사의 극적인 장면이든, 아니면 문학적 주제나 고전주의 혹은 낭만주의적 묘사까지 소재나 양식의 자유로움은 화가들에게 선택의 영역을 무제한으로 제공해주었다. 하지만 이는 또 다른 문제, 즉 화가로서 삶 자체의 불안정성을 초래했다.

  화가가 선택의 폭이 넓어진다는 것은 일반 대중의 취미와 일치할 가능성이 점차 줄어든다는 것을 의미했다. 일종의 후원자를 비롯한 대중의 취미는 편향적이기 마련이었지만, 화가들은 내부에서 느끼지 않으면 그 욕구를 충족시켜줄 수 없었다. 혹 경제적으로 궁해 그런 일을 해야 하는 상황이면 화가는 자존심을 꺾거나 양보하는 것이라 여겼다. 그 상황이 싫어 반대로 간다면 말 그대로 굶어 죽을 수밖에 없는 노릇이었다.

  이런 관점에서 19세기 회화사는 독특한 면을 띤다. 이전까지는 유명한 미술가들이 보통 그 시대의 지도적인 인물이었다. 그리고 그들의 작품을 현재 우리도 바라보고 감탄한다. 작품의 우열을 판단하는 기준이 대체로 일치했다는 뜻이다. 하지만 19세기 당시 살롱과 같은 전시회에서 성공하기를 바라는 화가들의 대거 등장은, 출세하고 성공한 미술가들, 일명 '관전파' 화가들과 '이단적'인 화가들과의 괴리를 낳았다. 이들은 죽은 후에야 진가를 인정받을 터였다. 우리가 알고 있는 위대한 작품들은 당시 퍼붓는 비난 속에서도 끊임없이 새로운 가능성을 모색한 외로운 한 무리가 치열하게 싸운 결과물이었다.

인상주의자의
인상 깊은 등장

    미술계의 이 같은 일련의 긴장이 폭발한 가장 극적인 사건이 19세기 파리에서 일어난다. 15세기에는 이탈리아 피렌체가 유럽 미술의 중심이었고 로마는 17세기에 그랬다. 19세기에는 파리였다. 전 세계 미술가들은 파리로 몰려들었다. 그 와중에 외젠 들라크루와를 거쳐 프랑스와 밀레, 구스타프 쿠르베 등 혁명적인 화가들이 탄생한다. 그리고 이들을 토양 삼아 앞으로 수십 년간 미술계를 떠들썩하게 할 일단의 인물들이 탄생한다. '인상주의자'라는 이름으로 불릴 이들이었다.

    르네상스 이래 회화는 '세계는 마땅히 이렇게 보여야 한다'라는 이론적 지식의 중요성에 근거했다. 위대한 화가들은 눈에 보이는 세계를 그럴듯하게 만들어줄 여러 발견을 제거해나갔지만, 누구도 자연 속 물체가 그림 속에서 쉽게 알아볼 수 있는 고정된 형태와 색채를 가지고 있다는 확신을 깨뜨릴 생각은 절대 하지 못했다.

하지만 마네와 그 추종자들이 이에 과감히 도전장을 던졌다. 외부에서 자연을 보면 각각의 대상이 나름의 고유한 색채가 아닌 우리의 눈, 정신 속에서 뒤섞인 색의 혼합으로 보인다는 것을 발견해내면서. 날카롭고 강력한 대조를 표현하기 위해 전통적인 부드러운 음영 처리를 포기한 마네의 작품은 초기 것조차 보수적인 미술가들로부터 격렬한 비난을 불러일으켰다. 1863년 아카데미파 화가들은 살롱이라는 관전에 마네의 작품을 입선시키기를 거부했다.

마네와 손잡고 새로운 길을 개척해나간 화가들 가운데 클로드 모네도 있었다. 그 또한 전통적인 화실을 박차고 나와, 소재 앞에서가 아니면 단 한 번이라도 붓을 휘둘러서는 안 된다고 주장한다. 자연을 묘사한 모든 그림은 외부 '현장'에서 실제로 완성되어야 한다고도 했다.

사실 이런 주장이 나온 것은 과학 기술의 발전이라는, 미술사적 입장에서는 의외의 현상과 궤를 같이한다. 19세기 중반 이후 유럽은 제2차 산업혁명 시기를 맞는데, 화학, 전기, 석유, 철강 분야에서 괄목할 만한 발전이 이루어졌다. 미술계에는 이것이 석판 인쇄, 스냅 사진과 휴대용 카메라, 튜브 물감 등의 발명과 보급으로 다가왔다. 특히 1880년대 사진기가 대량 생산되기 시작한다. 사진의 이미지가 그림보다 더 정확하게 보인다는 사실은 화가들이 그동안 초상화를 그리는 등의 공리적 목적에서 벗어나 순수한 감상을 위한 그림을 그리도록 만들었다. 즉 사진의 영역을 넘어 진리를 표현하려는 자극을 받으면서, 미술 자체의 독자성을 추구하는 중요한 계기가 된 것이다. 게다가 튜브 물감이라는 획기적인 발명품은 아틀리에 밖에서 외광을 찾아 그림을 그릴 수 있게 했는데, 풍경화의 발달은 그 눈부신 결과였다.

오귀스트 르누아르를 비롯해 살롱에 들어가기가 더욱 어려워진 이들은 1874년 4~5월 함께 모여 독자적인 전시회를 연다. 고루한 살롱 대신 별도의 전시회를 열자는 모네의 혁명적인 제안에서 비롯된 것이었다. 이들의 목적은 새로운 스타일의 홍보도 있었지만, 그보다 살롱의 제약에서 벗어나고자 하는 의지를 보여주는 데 있었다.

60프랑을 낼 의지만 있다면 볼 수 있는 이 전시회에는 〈인상(印象), 해돋이〉라는 모네의 작품이 걸려 있었다. 아침 안개를 통해 보이는 르 하브르 항구의 그림이었다. 이 제목을 특히 우스꽝스럽게 여긴 예술 비평가 루이 르로이는 이들을 한데 묶어 조롱조로 '인상주의자들'이라고 불렀다. 건전한 지식에 의해 움직이는 사람들이 아닌, 한순간의 인상을 그림이라 부르는 어처구니없는 사람들이라는 뜻에서였다. 하지만 이 말에 내포된 경멸적인 어조는 곧 잊힌다. 화가들은 '인상주의자'라는 이름을 받아들였고, 19세기 후반 유럽 미술계를 강타한 인상주의라는 명칭은 이렇게 탄생했다.

세잔 또한 이 전시회에 〈목맨 사람의 집〉(1873년)을 포함한 작품 3점을 선보였지만 세상은 도전적인 작품들을 받아들일 준비가 되지 않았다. 주류 미술계는 전시회에 참여한 화가들을 비판했는데, 특히 세잔을 향해서는 저주에 가까운 말을 퍼부었다. 심지어 정신병자로까지 간주할 정도였다. 사실 〈목맨 사람의 집〉에는 목맨 사람이 없다고 한다. 프랑스어로 팡뒤(pendu)는 '목매달다'라는 뜻인데, 부르타뉴 지방에서는 '펜뒤'라고 발음한다. 당시 이 집에 살던 사람이 브뤼셀 사람으로 부르타뉴 식 이름을 가지고 있었고, 그 사람의 이름인 펜뒤(Pendu)를 따서 〈펜뒤의 집〉이라는 작품명을 붙인 것이다. 이 작품명의 P가 대문자로 쓰인 것을 보면 알 수 있다. 오역된 작품명이 여전히 흘러오듯 파리의 세잔에 대한 곡해도 오랫동안 이어졌다.

　1880년대, 시간이 흐르자 세잔과 함께 전시회를 연 화가들은 하나둘 인정받기 시작했다. 주류 미술계로 입성해 프랑스 회화의 풍요로운 시기를 이끈 그들. 모네, 르누아르, 피사로는 고유양식을 확립했고, 고흐, 고갱, 쇠라 등은 후기인상파라고 불렸다. 세잔만 그대로였다. 꿈을 안고 파리에 온 20년 동안 세잔이 얻은 것은 상처와 조롱뿐인 듯 보였다. 세잔은 파리 생활을 청산하고 엑스로 돌아갔다. 위대한 은둔의 시간이 다가오고 있었다.

'세잔의 사과'와 《작품》

1853년 엑스. 그곳에서 파리 말씨를 쓰며 더듬거리고 병약했던 에밀 프랑수아 졸라는 언제나 놀림감이었다. 콜레주(우리의 중·고등학교 과정과 같다) 부르봉에서 졸라가 학생 3명에게 여느 때처럼 놀림을 당하던 어느 날이었다. 3 대 1은 너무하지 않냐고 더듬거리며 묻는 그에게 3 대 2는 어떠냐며 지나가던 또래 소년이 도와주었다. 졸라는 다음 날 이 사건에 대한 답례로 사과가 담긴 큰 광주리를 소년에게 선물했다. 그리고 윙크하며 말한다.

"자. 세잔의 사과들이야!"

이 일을 계기로 두 친구의 우정은 시작되었다. 여름에는 이글거리는 태양 아래에서 오솔길을 쏘다니고 개울에서 수영하며, 겨울에는 차가운 공기를 즐기면서 미친 듯이 함께했던 청춘의 빛나던 시간. 그 시절 누가 알았겠는가? 멀지 않은 훗날 한 명은

19세기를 대표하는 작가이자 행동하는 지성과 양심의 상징적인 인물이, 또 한 명은 현대 미술의 아버지가 될 줄.

'세잔의 사과'를 건네고 끊임없이 미술가로서의 꿈을 독려하며 파리로 상경하라고 권유한, 세잔의 친구 졸라. 세잔과 그의 남프랑스 태양처럼 찬란했던 우정은 검은 머리가 파뿌리가 될 때까지 계속되었을까? 어떤 의미에서는 그럴지도 모르지만, 보이는 면에서는 안타깝게도 그렇지 못했다.

파리에서 졸라의 삶은 세잔과 다르게 전개되었다. 졸라 역시 처음에는 세잔처럼 출판사로부터 퇴짜를 맞기 일쑤였다. 엑스에서 같이 서로를 격려하며 꿈을 포기하지 않던 그들 중 기회는 졸라에게 먼저 왔다. 1865년 마네가 〈올랭피아〉라는, 나체의 여인이 침대에 누워 당당한 표정으로 정면을 응시하는 작품을 전시한다. 몸을 파는 여성을 그린 것에 미술계 전체와 부르주아 관객들은 소재가 천박하다면서 일제히 공격했다. 당시 파리 상류층 남자 중 상당수는 사창가에 들락거리며 일탈을 즐겼는데, 그들의 치부를 떠오르게 했기에 불편한 그림이었다. 그러나 다른 화가들이 비너스라는 여신의 몸에 집착할 때 오직 마네만이 진실을 그렸다며 옹호한 졸라는 날카로운 미술 비평으로 파리 예술계에 이름을 알리기 시작했다.

1878년 앞으로 35번이나 다시 찍을 소설 《목로주점》으로 작가로서 엄청난 성공을 이루기 시작하며 졸라는 두각을 드러내지만 세잔은 제자리에서 맴돌았다. 졸라는 자신이 사귄 파리의 예술가들을 그의 친구에게 소개해주었다. 그러나 거듭되는 실패와 조롱에 예민해질 대로 예민해진 세잔은 다른 사람들과 교류하는 것조차 힘들었다. 세잔이 살롱 출품을 그만둔 1886년, 그의 화가 생활을 끝까지 인정하지 않았던 아버지가 사망하며 유산을 남겼다. 이로써 경제적 궁핍에서 벗어난 세잔은 그림 작업에만 몰두할 수 있는 시기를 맞는다. 그리고 졸라는 그해 소설 《작품》을 출간했고, 습관대로 세잔에게 한 권을 부쳤다. 그 작품을 본 세잔은 졸라에게 예의 바른, 그래서 너무나 차가운 짤막한 감사 편지를 보낸다. 그것으로 34년간 우정에 종지부를 찍었으며, 두 사람은 두 번 다시 만나지 않았다.

《작품》은 화가 클로드 랑티에가 주인공이다. 회화의 절대적인 꿈을 실현하고자 하는 로맨틱한 성격의 소유자다. 그러나 시대의 몰이해 앞에 절대적인 꿈은 비탄으로 바뀐다. 주인공은 마네처럼 스캔들로 시작해 고흐처럼 자살로 막을 내린다. 졸라의 지지자들은 세잔을 모델로 하지 않았다고 하지만, 동시대인들은 소설 속의 실패한 화가가 세잔이라고 여겼다.

졸라가 묘사한 인물이 세잔이 아닐지라도 내용은 그의 생각을 드러내는 듯했다. 화가로서 실패했고 친구로서도 곤란하다고 여긴 그의 심경을. 세잔에게 졸라는 여러 의미를 지닌 인물이었다. 어릴 적 막역한 친구이자, 젊고 장래가 촉망되는 예술평론가이면서 인상주의에 대한 지지자, 아버지가 용돈을 줄였을 때 돈을 빌려준 성공한 작가, 늘 충고해주는 친구이자, 자기 그림의 가치를 이해해주기를 기대할 만한 지인이었다. 세잔은 종종 졸라에게 부탁했고 졸라는 언제나 기꺼이 청을 들어주었지만, 이후 상황이 바뀌었다. 그러나 두 사람의 처지를 공평하게 설명하기 위해 메당의 일도 고려해야 한다. 메당의 별장은 졸라가 《목로주점》의 저작권료로 구입한 곳으로, 당시 문학인과 화가, 출판업계 사람들이 자주 드나들었다. 무명이던 모파상도 있었다고 하고, 세잔도 자주 묵었다. 그런데 그곳에 머물면서 세잔은 졸라와 다른 방문객들에게 매우 예의 없이 굴었다. 세잔 주변의 다른 사람들과도 결국에는 틀어진 관계를 고려하면 둘의 단절은 어쩌면 세잔의 성격에서 온 것인지도 모른다.

어린 시절 가난하게 살았던 졸라는 세잔의 그것과는 완전히 달랐다. 부잣집 도련님 세잔의 삶은 당시 프랑스의 정치적인 격변과 무관하게 흐르는 듯했다. 아버지는 1860년 입대해야 했던 그의 4년 병역 문제를 돈으로 산 대리인을 써서 해결했다. 프로이센-프랑스 전쟁 당시인 1871년 그가 여성 잡지의 한 페이지를 그린 작품 〈산책〉은 전쟁 중이라고는 믿어지지 않는 분위기의 그림이었다. 그는 자신을 배척한 사회에는 어떤 헌신도 하지 않을 것처럼 스스로 고립시킨 채 오로지 화폭에만 매달렸다. 이에 반해 졸라는 모든 폭풍 한가운데에 서 있었다. 《나나》, 《제르미날》, 《인간 짐승》에서는 프로이센-프랑스 전쟁에서 만세를 부르는 프랑스인을 묘사하는 등 필연적으로 몰락할 제2제정을 투영하고 있다. 특히 〈나는 고발한다〉를 기고함으로써 '드레퓌스 사건'(1894년)으로 드러난 프랑스의 반(反)유대주의, 반자유주의를 전심으로 '고발'한 것은 그의 인생을 완전히 뒤바꿔놓았다.

1898년 1월 13일, 〈나는 고발한다〉를 발표하기 전 졸라는 40여 권의 책을 수백만 권씩 유럽에 판매한 프랑스의 대표적인 작가였다. 드레퓌스의 무죄 주장에 그는 자신이 그동안 쌓은 모든 문학적 성과와 명예, 심지어 목숨까지 걸어야 했다. 유죄를 주장하는 보수주의자로부터 살해 위협, 징역 1년에 벌금 3천 프랑 선고, 경매 붙여진 집, 그리고 명예훼손 소송. 그는 영국으로 망명을 떠나야만 했다. 그의 노력과 청년 학생 및 진보적 지식인들의 힘겨운 싸움으로 1년 뒤 드레퓌스의 재심이 확정되며 귀국할 수 있었지만, 보수주의자들은 끝까지 그를 위협하고 괴롭혔다. 졸라는 결국 1902년 원인 모를 일산화탄소 중독으로 유명을 달리하고 말았다. 세잔이 사망한 1906년 드레퓌스의 유죄 선고가 오류였음이 선언되었고, 1907년 세잔의 회고전이 열린 이듬해 졸라는 볼테르가 잠들어 있는 팡테옹으로 이장되었다.

지식인으로서 양심을 지키려던 졸라가 피비린내 나는 전장에 있던 그즈음 세잔은 많은 추종자의 숭배를 받으며 엑스를 방문하는 사람을 만나고 있었다. 유복하고 풍요로웠지만, 여전히 그런 것에는 전혀 관심이 없는 듯 그림에만 매달리는 삶이었다. 졸라가 죽었다는 소식을 들은 세잔은 화실 문을 걸어 잠그고 한동안 흐느껴 울었다고 한다.

"내가 왜 사과를 그렸는지 졸라는 이해했을까?"

사과, 진실을 말하다

사과는 세잔의 작품 세계를 들여다보게 하는 중요한 소재이자 그림의 위대함을 보여주는 대표적인 정물이었다. 그는 "사과 하나로 파리를 놀라게 하겠다."라며 자신만만하게 파리 미술계에 도전장을 던졌다. 아마도 사소하지만 의미심장한 사과를 그려 파리로 대표되는 미술계를 놀라게 할 만한 화가가 되겠다는 뜻이었으리라.

세잔은 다른 화가들과 마찬가지로 '사과'를 다루는 신화에 관한 작품을 남겼다. '파리스의 심판'에 관한 그림을 말이다. 제2차 세계대전 때 도난당한 이 작품은 소장 미상이 되었지만. 그래서인지 1860년대의 작품이라거나 1880년대 작품이라고도 한다. 중요한 것은 자신의 관심을 끄는 주제와 신화 속 헤리페리데스의 황금 사과를 연결해, 그 주제에 숭고함을 부여했던 세잔의 마음을 느낄 수 있다는 것이다. 그런 사과를 표현하고자 한 그의 마음은 정물화 속에 고스란히 담겼다.

파리에 머무는 동안 세잔에게 영향을 끼친 화풍은 알다시피 인상주의다. 1870년대 초 오베르에서 카미유 피사로와 공동 제작하는 가운데 인상파의 외광 묘사로부터 영향을 크게 받기도 했다. 인상주의 화가들은 한낮에 자연 풍광 위로 쏟아지는 빛과 같은 찰나의 이미지를 포착하려 했다. 그들이 생각하기에 끊임없이 변화하는 자연에 고유의 색이 있을 리 만무했다. 야외에서 눈앞에 펼쳐진 한순간을 재빨리 스케치하는 그들에게 원근법, 명암법, 대조법을 고민할 시간은 없었다. 정밀한 묘사도 중요하지 않았고 대상의 선조차 없을 때도 있었다. 세잔은 그들이 구성이나 구조에 신경이나 관심을 쓰지 않는 것이 못마땅했다.

파리에서 떨어져 나와 은둔하며 그림을 그리는 동안 세잔은 자연스레 인상주의를 극복해나가기 시작했다. 인상주의가 무시한 사물의 근원적 본질, 즉 그 사물의 진실을 진지하게 생각하며 그 본질을 그려내고 말겠다는 목표를 세운다. 그리고 자신이 해결하고자 했던 문제들을 연구하기 위한 대상으로 택한 대표적인 것이 정물이었다.

정물은 모델이 고정된 자세를 오랫동안 취해야 하는 인물화나 날씨 영향을 받는 풍경화와 달리 조건에 구애받지 않았다. 마음대로 위치를 바꿔도 괜찮은 대상이었다. 그의 생각을 담기에 가장 적합해 사과나 양파, 오렌지 같은 간단한 것을 골랐고, 이들의 부동 상태에 움직임과 유연성을 가미하기 위해 식탁보를 배치하곤 했다. 입체감이나 색채에 몰두한 그에게 색채가 밝으면서도 견고한 사과는 특히 이상적이었다.

세잔의 사과 그림 중 대표적인 작품은 〈병과 사과 바구니가 있는 정물〉이다. 낮은 접시의 사과, 솟아오른 바구니, 물병, 그리고 사과로 이루어진 그림은 평범한 소재를 그린 정물화처럼 보인다. 하지만 자세히 보면 놀랍다. 주요 소재인 사과들은 테이블에 수평을 이루는 것과 바구니 속 기울어진 사과가 서로 다른 각도에서 본 것처럼 묘사되어 있다. 왼쪽, 오른쪽, 위, 아래에서 사물을 관찰한 뒤 복수 시점에서 바라본 정물들을 한 캔버스에 담은 것이다. 그야말로 한 시점에서 바라보는 원근법의 파괴였다.

게다가 각각 정물의 시점은 그 본질을 가장 잘 드러낸다. 예컨대 물건을 담는 기구인 접시는 그 안에 담긴 물건을 볼 수 있는 위에서의 시점으로 그려진 것처럼 말이다. 사물이 가지는 본질을 드러내고자 했던 그의 생각은 이같이 담겼다. 이를 위해 방해가 된다고 생각되면 원근법도 무시했고 왜곡도 개의치 않았다. 전통적인 소묘 방법을 무시해도 대상의 표현이 가능하다는 것을 알아갔다.

사과의 형태와 색도 제각각이다. 어떤 사과는 먹음직하고 탐스러운 붉은색이지만, 또 다른 사과는 푸르스름하기까지 하며 시든 것처럼 보인다. 이를 위해 그는 사과를 보고 또 보며 작업했다. 온종일 사과만 관찰하기도 하면서 조금만 시선을 바꿔도 사과가 달리 보이는 것을 한 장면에 담기 위해 신중하고 성실하게 붓을 들었다. 세잔이 이 그림을 완성하는 데는 결국 수년이 걸렸다. 하나의 정물을 완성하기 위해 100회 이상 작업했다는 말은 과장이 아니었다.

오래 그림을 그리다 보니 어제까지만 해도 싱싱하던 사과가 다음 날 푸석해지는 것도 보았고 썩어가는 것도 마찬가지였다. 끊임없이 변화하는 그 모든 발견을 캔버스에 담으려 했던 그의 노력은 한 화폭에 오른쪽, 왼쪽, 위, 아래, 어제, 오늘, 내일, 작년, 내년 등의 사과들이 한꺼번에 담기며 완성되었다. 한 화폭에는 한 지점에서 보는 한순간만 담길 수 있다고 여긴 수백 년 전통의 파괴였다.

그러면서도 세잔은 고전 미술에 담긴 질서와 균형의 아름다움도 살려내려 했다. 찬찬히 그림을 살핀 관람객이라면 실은 그림 속 정물들이 굉장히 불안함을 볼 것이다. 예쁘거나 탐스럽지 않은 사과들은 바구니에서 쏟아질 듯하다. 어색하게 구겨진 냅킨 아래의 테이블은 좌우 높낮이가 다르다. 유리병은 바로 서 있지도 않고, 접시 위의 과자는 공중에 떠 있는 것처럼 보인다. 피사체들이 몹시 불안정하게 놓여 있는 것이다. 그런데 놀랍게도 전체적으로 보면 느낌이 견고하고 안정적이다. 찰나의 순간이 몽롱한 화풍으로 빚어진 인상주의 그림과 달리 단단하고 기하학적인 미감이 드러난다. 인상주의가 배척했던 '구조'를 엄격하게 살리고자 한 피나는 노력으로 어디 한 군데 허술하게 그려진 부분이 없기 때문이다.

 그림이 빛을 보기 시작한 이후 그를 숭배하는 사람들이 늘어나면서 세잔은 몇몇과 편지를 주고받기도 했다. 그중 에밀 베르나르에게 보낸 1904년 4월 15일자 편지에서 세잔은 자신의 굉장히 중요한 회화관을 피력해놓았다.

> 나는 자연에서 원통, 구, 원추를 봅니다. 사물을 적절히 배열하면 물체나 면의 각 변은 하나의 중심점을 지향하게 됩니다. 지평선에 평행한 여러 선은 넓이를 줍니다. 그것은 자연의 단면, 다시 말해 전지전능한 아버지 영원의 신이 우리 눈앞에 펼쳐 놓은 광경의 단면을 줍니다. 반면 지평선에 수직으로 걸친 선은 깊이를 줍니다. 그런데 우리에게 자연은 넓이보다 깊이로 다가섭니다. 그러므로 빨강과 노랑으로 재현되는 빛의 진동 속에서 공기를 느끼게 하려면 충분할 만큼 파랑을 칠해 넣어야 합니다.

 이 말은 20세기 현대 미술로 나아갈 길을 튼 획기적인 것이라 해석되기도 한다. 자연을 원통, 공, 원추로 파악한다는 것은 이후 입체파의 회화론과 상통하기 때문이다. 그리고 이런 그의 회화관은 사과로 대표되는 정물의 표현에서 구조적인 단단함으로 유감없이 발휘되고 있다. 그런 의미에서 졸라가 예언한 '세잔의 사과'는 옳았다. 세잔은 사과로 당시 파리만이 아닌 미래의 미술계까지 놀라게 한 것이다.

사물의 본질을 찾기 위한 세잔의 시도는 정물화에만 그치지 않았다. 그는 인물화와 풍경화도 많이 그렸는데, 하나의 인물화를 완성하기 위해 150여 번이나 같은 자세를 요구해 그의 모델이 되고자 하는 사람이 아무도 없었다고 한다. 그는 이를 통해 대상의 외형적인 특징을 묘사하는 것이 아닌, 그 사람의 성격과 인품을 담아내고자 했다. 사람의 본질, 진실을 그리고자 한 것이었다. 표현 방식도 고집스러우리만치 변하지 않을 단단하고 견고하게 쌓아 올린 형태와 색을 사용하면서.

말년에 그린 〈생트 빅투아르산과 샤토 누아르〉도 마찬가지다. 납작한 붓으로 면을 칠하고 겹치고 방향을 바꿔가며 평면적으로 그려낸 것처럼 보이는데, 완성된 작품을 보면 놀랍게도 모든 형태가 입체적이고 또렷하다. 하늘, 산 등 모든 것이 원근법으로부터 자유로움에도 통일감이 있다. 자연의 우연성에 조화와 질서를 덧입히고자 했던 그의 시도는 정물화나 인물화에서 구현하려 했던 그의 생각과 다름이 없었다.

세잔에게 경의를

　세잔은 1895년부터 빛을 보았다. 그의 나이 56세였다. 당시 파리에서 영향력을 가지고 있던 미술상 앙브르와즈 볼라르는 시골에 틀어박혀 묘한 그림을 그리는 무명 화가가 있다는 소식을 듣는다. 그는 세잔 그림을 직접 보자마자 전시회를 기획했다.
　그동안 단체 전시회에는 세잔의 작품이 출품되곤 했지만, 개인 전시회는 연 적이 없었다. 그의 그림은 오로지 탕기 화방으로 불리던 몽마르트르 근처 화방에서만 만날 수 있었다. 인상주의와 현대 미술 사이의 과도기 중요한 화가이자 작가였던 모리스 드니도 1890년경 탕기 가게에 드나들면서 세잔의 그림을 보았다. 그는 세잔을 신화적 인물, 혹은 다른 분야에 종사하면서 이름 밝히기를 싫어하는 사람으로 생각했다고 한다.
　1895년 볼라르가 열어준 세잔 생애 첫 개인전에 대한 평가는 또 극과 극이었다. 형편없는 작가에게 개인전을 열어주었으니 자신에게도 전시할 기회를 달라는 화가들의 아우성에 볼라르는 큰 곤욕을 치르기도 했다. 그러나 다른 많은 사람은 알았다. 그의 사과가 얼마나 대단한 가치가 있는 사과인가를.

전시가 끝난 후 한참 뒤인 1900년에 그려졌지만, 모리스 드니는 당시를 회상하며 〈세잔에의 경의〉라는 작품에 세잔의 사과 정물화를 그려 넣었다. 그림 속 '과일 쟁반과 유리잔과 사과' 앞에서 경의를 표하는 이들은 그냥저냥인 인물이 아니었다. 당대 잘 나가는 화상과 화가, 미술평론가들이었다. 그는 이렇게 표현했다.

"평범한 화가의 사과는 먹고 싶지만, 세잔의 사과는 껍질을 벗기고 싶지 않다. 잘 그리기만 한 사과는 군침을 돌게 하지만, 세잔의 사과는 마음에 말을 건넨다."

드니가 역사상 유명한 3개의 사과로 이브의 사과, 뉴턴의 사과와 함께 세잔의 사과를 꼽았다는 것은 지금도 유명하다. 살롱에 전시된 〈세잔에의 경의〉는 어느 작가에게 팔린다. 몇 년 뒤 《좁은 문》을 쓸 앙드레 지드였다.

1890년대 상징주의 화가의 정신적 지주가 된 폴 고갱은 최초의 세잔 작품 수집가로 알려 있다. 한때 잘나가던 증권거래인이었던 시절, 그는 세잔의 그림을 여러 점 사들였다. 그러다 전업 화가로 활동하며 생활이 어려워지자 부인은 고갱의 소장품을 팔기 시작한다. 고갱은 그때 세잔 그림만은 팔지 말아 달라고 애원

했다고 한다. 아무도 거들떠보는 사람이 없었을 때 그도 세잔의 가치를 알고 있던 것이다.

이후 젊은 화가들 사이에서 세잔의 이름은 퍼져나갔고, 피카소의 표현대로 그는 '현대 미술 화가들의 아버지'가 되었다. 후배 화가들은 세잔의 그림에서 해방감을 느꼈다. 르네상스 시대 이후 수백 년 동안 그림을 지배해온 규칙들이 완전히 무너졌음을 느꼈기 때문이다.

여러 방향에서 대상을 관찰하고 묘사하던 세잔의 실험은 역시 피카소에게 영향을 끼쳤다. 인간의 형태를 조각낸 뒤 화폭에서 재창조한 피카소의 입체주의는 그렇게 시작되었다. 앙리 마티스가 창시한 야수파는 색채 자체를 주인공으로 삼는다. 이는 풍부한 색채를 활용한 세잔의 그림으로부터 얻은 영감에서 비롯되었다. 기본적인 도형 형태로 세상을 보고자 한 세잔의 실험은 네덜란드의 피터르 몬드리안, 러시아의 바실리 칸딘스키와 같은 추상화가가 발아할 토양이 되어주었다.

"그림을 그리다가 죽고 싶다."라는 말을 습관처럼 했던 세잔은 실제 그림을 그리다 비바람을 맞은 뒤 폐렴으로 사망한다. 1906년 10월 22일이었다. 그 이듬해 1907년 살롱 도톤느에서는 그의 대규모 회고전을 열어 젊은 화가들에게 다시금 업적을 기리는 계기를 만들었고, 이는 입체주의의 출발점으로 여겨졌다.

때로 세잔의 업적은 콜럼버스의 그것과 비교되기도 한다. 미술의 영원한 화두인 색채와 형태, 두 가지가 완벽하게 조화를 이룰

수 있는 표현 방식을 새로이 발견했다 여기기 때문이다. 르네상스 시대 완성된 체계적이고 과학적인 원근법을 과감히 무시하고, 인상주의 화가들이 개척한 빛의 색 또한 유행처럼 보이게 만들어버린 화가. 현대 미술의 대가 피카소와 마티스를 낳은 세잔. 그는 친구였던 졸라와 비록 방법은 달랐을지언정 사과로 변하지 않는 사람과 자연, 그리고 사물의 진정한 본질을, 그 속의 진실을 외치려고 몸부림친 것인지도 모른다. 세잔의 사과를 내밀었던 졸라가 그런 것처럼.

7장

시대가 남긴
유산

인공지능

●

세상을 인공지능 시대로 옮겨 놓은
튜링의 사과, 그리고 비밀

/

그가 살았던 시대, 아니 그가 살아냈던 시대. 태어난 지 몇 년 안 되어 제1차 세계대전을 맞았고, 이어 대공황과 제2차 세계대전을 거친 그를 냉전과 인류 공멸의 위협은 마지막까지 옥죄였다. 세상의 외진 곳에서 그는 시대적 문제를 해결했고, 전쟁의 뒤에서 전쟁의 흐름을 바꾸었다. 그의 천재적인 능력과 재능은 인간 역사를 인공지능의 시대로 옮겨 놓았다. 그리고 마지막 그의 곁에는 비밀을 알고 있는 '튜링의 사과'가 놓여 있었다.

그의 마지막에 놓인 것

　미국 월트디즈니 애니메이션 스튜디오에서 제작한 첫 장편 애니메이션이 1937년 12월 21일 개봉되었다. 역사상 최초로 풀 컬러인 83분짜리 만화영화였다. 1934년부터 제작되었지만, 총천연색 사용 등 혁신적인 기술들을 적용했던 탓에 제작 기간은 상당했다. 과중한 제작비 때문에 몇 번이나 디즈니를 파산 상태로 몰아넣기도 한 터였다.

　당시 사람들은 이를 '디즈니의 밑 빠진 독'이라 부르며 조소를 감추지 않았다. 인기 애니메이션들은 단시간에 웃음을 뽑아낼 수 있는 단편이어야 했다. 누가 만화를 90분이나 보고 있겠는가. 하지만 상영이 종료되었을 때 그동안의 만화영화 역사는 바뀌어 있었다. 상영 중 눈물바다를 이루었던 극장 내 관객들은 기립 박수를 보냈다. 엄청난 흥행을 거두며 디즈니 애니메이션 전설의 시작을 알린 이 만화영화는 〈백설공주와 일곱 난쟁이〉였다.

이듬해인 1938년 10월, 유럽이 그렇게 피하고 싶던 파국을 향해 점차 다가가고 있던 시기, 유럽 대륙의 상황과는 별개로 영국 케임브리지에도 신세계의 환상이 스며들고 있었다. 킹스칼리지 노교수들이 예상했던 대로 튜링은 데이비드 챔퍼노운과 함께 〈백설공주와 일곱 난쟁이〉를 관람한다. 사악한 계모가 사과를 실에 매달아 독이 끓는 주전자에 담그며 주문을 외우는 만화 속 장면은 그를 매료시킨 것이 틀림없다. 튜링은 2행으로 된 마녀의 예언적 주문을 좋아해 계속해서 되뇌었다고 한다.

주전자에 사과를 담그니
죽음의 잠이여 스며들라

이 시기 누가 예상이나 했겠는가? 현대 인공지능(AI)의 아버지라 불릴 천재 과학자 앨런 매시슨 튜링의 17년 뒤 마지막을 지켜보고, 그 비밀을 알고 있는 유일한 증인이 '튜링의 사과'가 될 줄.

대영제국과 튜링

  1870년대 세계에서 이미 광대한 영역을 차지하던 영국은 1921년경 세계 영토의 약 4분의 1을 다스릴 정도의, 말 그대로 진정하고 유일한 '제국'이었다. 그런 대영제국에 인도는 북아메리카를 상실한 뒤의 최대이자 최고로 중요한 식민지였다.

  인도 납세자들은 대영제국의 방위비를 담당했고, 병사들은 청에서 몰타섬까지 이어진 제국 경비에 이용되었으며, 인도에서 관세 정책은 영국의 산업 정책에 따라 변화되며 경제적 이득을 가져다주었다. 그리하여 영국의 대외 정책은 인도를 보호하는 방향으로 흘렀다. 이집트 수에즈운하에 대한 집착도, 3C 정책도, 러시아와의 그레이트 게임도 목표는 하나였다. 그리고 영국은 인도 통치에 자신감이 있었다.

  그렇다고 해서 많은 영국인이 인도의 지배에 직접 투입된 것은 아니었다. 1901년 인구 통계 보고서는 인도 인구가 2억 3,800만 명에 이르렀을 때 이들을 통치한 것은 900명의 백인 공무원이었다는 사실을 말해준다. 한 영국인의 생생한 표현을 빌리자면, '모든 인도인이 같은 순간 침을 뱉기로 한다면 영국인들은 익사할' 정도의 비율이었다. 인도가 대영제국에 차지하는 위치만큼 인도 지배에 투입된 공무원 조직은 명성을 누렸다. 한정된 조직이었기에 그랬는데, 심지어 외무성을 능가하는 정도였다.

튜링의 아버지 줄리어스 매시슨 튜링은 1896년 치러진 최종 공무원시험에서 154명 중 7등을 차지하며 남부 인도 대부분을 아우르는 마드라스에 배치된다. 12월 7일 첫출근을 했는데, 파견된 7명의 신입 사원 중 최고의 성적이었다. 그 2년 뒤 조지 커슨 경이 인도 총독이 된다. "인도를 지배하는 한 우리는 세계 최대의 강국이다. 인도를 잃는 즉시 우리는 삼류 국가로 전락할 것이다."라고 그는 말하곤 했다. 이후 줄리어스 튜링은 10년 동안 베랄리와 쿠르눌, 비지가파탐 지구에서 보조징세관 겸 치안판사로 근무했다. 1906년 수석 보조징세관이 되고, 이듬해 인도에 온 후 처음으로 영국으로 돌아갔다. 성공가도를 달리는 남자가 10년간 외롭게 일하다 아내를 얻기 위해 출발한 길, 튜링의 어머니가 될 에델 스토니를 만난 것은 고국으로 향하는 배 안에서였다.

그녀 역시 제국 건설 시대의 산물이었다. 마드라스에서 태어났으나 과학자들을 다수 배출한 가문답게 교육을 위해 아일랜드로 보내졌고, 문화와 자유에 대한 갈망을 안고 소르본대학에 다니기도 했다. 그녀는 이후 쿠누어에 있는 대저택에 돌아와 젊은 영국 숙녀의 삶을 살았다. 이를테면 수채화를 그리고, 연극에 출연하거나, 화려한 정찬이나 무도회에 참석하는 식의 삶을 말이다. 그러다 고국으로 돌아가는 배 안에서 줄리어스 튜링을 만났고, 그녀의 아버지는 신이 내린 직장인 인도 공무원 조직에 있는 그를 환영했다. 결혼식은 영국 더블린에서 치러졌지만, 첫째 존은 인도 쿠누어의 스토니 저택에서 출생했다. 그리고 3년 뒤 1911년 샤트라푸르에서 잉태된 앨런은 1912년 6월 23일 영국 패딩턴에서 태어난다.

튜링 형제는 일종의 특권 계급 출신에 가까웠지만, 유년 시절은 거의 고아처럼 지내야 했다. 제국의 아이로 자라기 위해 지불해야 할 일종의 대가였다고나 할까. 인도의 기후가 어린 형제에게 치명적이라 생각한 부부는 아들들의 양육을 잉글랜드 퇴역 군인 부부에게 맡긴다. 부부가 최대한 아들들과 함께하려고 노력했다는 것과 별개로 유아기 동안 분리된 경험은 아이들에게는 힘든 일이었을 것이다. 특히 앨런처럼 섬세한 아이라면. 쾌활하고 누구든지 친구로 만들던 아이가 언젠가부터 비사교적이고 공상에 빠지기 시작했다. 부부가 일 때문에 인도로 다시 돌아갈 때 멀리 사라지는 택시를 좇아오며 팔을 크게 흔들고 길을 따라 달려 내려오던 아들 모습이 가슴에 아프게 남아 있다고, 튜링의 어머니는 회고했다.

헤이즐허스트 사립 초등학교와 셔본 스쿨의 기숙학교에서 보낸 10여 년 동안 튜링에게는 과학과 수학에 비범한 능력이 있음이 밝혀졌다. 어린 시절부터 자신이 개발한 만년필로 부모에게 편지를 쓰거나 세부 도면을 보내기도 했고, 특이한 형태의 타자기, 자전거나 전등에 전기를 공급하는 축전지도 만드는 등 그는 재능 있고 독특한 아이였다.

1926년 튜링이 셔본의 여름 학기에 첫 등교하던 날, 총파업 중이던 영국에는 기차가 운행하지 않았다. 프랑스 생말로에서 출발한 배 안에서 그 이야기를 들은 14살 소년은 사우샘프턴에 도착한 뒤 지도를 사 블랜드퍼드까지 자전거를 타고 갔다. 가장 좋은 호텔에서 하룻밤을 묵은 다음 날 아침 제때 도착해서, 부스스한 채로 "저는 튜링입니다."라고 인사해 놀라움을 안겨주었다. 호들갑을 떨지 않고 즉흥적으로 문제를 해결한 소년이 자전거를 타고 온 거리는 100킬로미터에 달했다.

하지만 그는 셔본에 잘 적응하지 못했다. 모든 과목에서 뒤처졌고, 괴짜였으며, 친구도 거의 없었다. 지저분한 데다 자기만의 세계에 빠져 있었다. 1927년 그가 삼각함수 공식에서 '역탄젠트 함수'의 무한급수를 찾아낸 것을 본 수학 교사는 그를 천재라고 표현했지만, 그의 다른 부진함은 이를 묻어버렸다.

그런 그에게 전환점이 된 일들이 이듬해에 벌어진다. 다른 과목은 5학년에 머문 반면 수학은 6학년과 같은 수업을 듣던 그를 교사는 간섭하지 않음으로써 재능을 발휘할 기회를 주기 시작했다. 교사는 튜링이 교과서에 제시된 방법보다 자신만의 방법을 선호한다는 것을 알아챘다. 실제 그는 학교 과정 따위는 신경 쓰지 않고 줄곧 자기식대로 공부했다. 중등교육 시험을 준비하면서도 아인슈타인이 직접 풀어쓴 책을 보며 상대성 이론을 공부하던 그였다.

그러던 중 그는 자신보다 한 살 많았음에도 왜소한 체격을 가진 금발의 크리스토퍼 모컴을 만난다. 튜링에게는 너무나 어려운 장애물과 같은 학교가 그에게는 발전의 수단이자 장학금과 상, 칭찬의 원천이 되는 것을 보며 튜링은 매우 놀랐다. 특히 모컴이 진지하게 과학적 사고를 한다는 점에서 그를 진심으로 좋아하고 따랐다. 말도 안 될 정도로 좋은 성적을 내던 모컴에게 잘 보이고 싶은 튜링은 학교 과정에 신경 쓰기 시작한다. 미국에서 파멸적인 대공황이 발생한 1929년은 그가 제대로 6학년에 합류한 뒤 모든 수업을 모컴과 함께 들으며 괄목할 만한 발전을 이루기 시작한 해였다.

장학금을 받고 케임브리지 트리니티 칼리지에 입학할 예정이던 1930년, 모컴은 지병으로 사망했다. 그러나 튜링은 독창적인 과학 연구를 하는 등 발전을 멈추지 않았다. 학교 체계를 따라갔으며 기숙사에서 반장을 맡을 정도까지 되었다. 그리고 고등교육 수료 시험에서 월등히 좋은 성적을 받은 뒤 셔본 교사들에게는 지극히 놀랍게도 케임브리지의 킹스칼리지에 입학한다.

제1차 세계대전과
암호해독반 40호실

1914년부터 1918년 사이에 벌어진 제1차 세계대전이 튜링 가족에게 미친 직접적인 영향은 놀라울 만큼 미비했다. 1917년 튜링 부인을 인도에서 빼내 잉글랜드에 남게 한 것이 나름 큰일이었다고 할까. 하지만 20여 년 뒤 튜링이 깊숙이 휘말릴 역사적 장면을 준비하고 있다는 점에서 제1차 세계대전은 의미가 있었다.

1890년대 독일이 제국들에 도전하며 위협을 가하기 시작하면서 유럽은 비스마르크가 만든 평화로부터 멀어지고 있었다. 빌헬름2세는 공격적인 정책으로 열강들을 위협했는데, 비잔티움과 바그다드 간 철도 부설권을 따내 베를린과 연결하는 '3B 정책'을 추진한 것이 대표적이었다. 이는 남하하는 러시아와 서아시아에서 세력을 키우던 프랑스, '3C 정책'을 추진하던 영국과 충돌하는 것이었다.

특히 영국은 산업적 측면만이 아닌 보유 전함에서도 독일의 추격으로 심리적인 압박을 받는다. 이는 사정거리 12킬로미터 이상인 12인치 대포를 10문이나 갖춘 전대미문의 대함정 드레드노트호를 개발하게 했다. 20세기 초 영국 남자아이들에게 드레드노트호 모형은 좋은 장난감이었다. 하지만 튜링 형제는 이를 싫어했을 뿐 아니라 싸움이나 장난감 무기에는 전혀 관심 없는 대신 책만 좋아했기 때문에 양육을 담당한 워드 부인에게 실망을 안겨주기도 했다.

유럽은 결국 영국, 프랑스, 러시아의 삼국협상과 독일, 오스트리아, 이탈리아의 삼국동맹으로 분할되었다. 그런 와중에 1914년 6월 28일 오스트리아-헝가리제국의 제위 계승자 프란츠 페르디난트 부처는 열병식에 참석하기 위해 보스니아의 수도 사라예보를 방문했다. 19살의 보스니아 학생 가브리엘 프린치프가 사정거리 정면에서 저격했고 대공 부처는 피하지 못했다. 프린치프는 조국 독립을 위해 방아쇠를 당겼지만, 의도치 않게 제1차 세계대전의 포문을 열어버렸다. '사라예보 사건'이었다.

사건 발생 당시의 '3C 정책' 대 '3B 정책', '범게르만주의' 대 '범슬라브주의', '삼국협상' 대 '삼국동맹'과 같은 대립은 대전의 근본적인 배경으로 간주되어 왔다. 그러나 근래에는 대전의 발발이 필연적인 것은 아니었다는 시각이 대두되고 있다. 사라예보 사건 이후 한 달, 열강들 사이에 조율할 시간은 충분했기 때문이다. 그럼에도 일명 '7월위기' 동안 유럽 지도자들은 근거 없는 자신감에서 비롯된 잘못된 판단과 무능한 행동을 보여주었고 결국 전쟁은 발발했다. 1914년 7월 28일이었다.

양측이 전쟁을 굳이 피하려 하지 않았던 데는 신속하게 적을 제압해 결말을 볼 수 있으리라는 전망도 일정 정도 역할을 했다. 하지만 그것은 근대적 전쟁 기술의 무시무시함을 간과한, 낭만적인 공상에 불과했다. 마른전투를 계기로 전선은 고착되었고 참혹하면서도 지루한 참호전은 시작되었다. 참호전에서 전선을 끄집어내려는 시도가 계속되면서 독가스가 개발되고, 비행기가 투입되었으며, 탱크가 개발된다. 1917년 전쟁 자체에 전환점이 만들어질 때까지 추악하고 비극적인 전쟁 상황은 계속되었다.

1917년, 러시아혁명으로 러시아가 전쟁에서 발을 빼면서 전쟁 국면에는 변화가 왔다. 그리고 국면 전환에 더욱 결정적인 장면은 그동안 중립을 지키던 미국의 참전이었다. 사실 전쟁이 발발한 뒤 미국 정부는 공식적으로 중립을 선언한 대신 전쟁물자 수출에 집중했다. 결과적으로 1916년 말경 미국은 연합군의 보급창고 역할을 맡고 있었다. 그런 미국이 대전에 공식적으로 개입한 첫 번째 계기는 해운권 충돌이었다. 독일의 무제한 잠수함 작전으로 인해 1915년 5월 영국 호화 여객선 루시타니아호가 격침되었는데, 사망자 1,198명 중 미국인 희생자가 128명이나 되면서 미국 내 반독일 여론이 비등하기 시작한 것이다. 이에 더해 벌어진 치머만 전보 사건은 단번에 미국을 전장으로 끌어들였다.

1917년 1월 16일, 독일 외무장관 아르투어 치머만은 워싱턴의 독일대사를 거쳐 멕시코 주재 독일대사에게 비밀 전문을 보냈다. 그 내용이 언론에 공개되면서 미국의 대독일 적대 감정은 극에 달한다. 멕시코 정부를 향해 미국에 대항하는 동맹을 제안하라는 지시와, 그에 대한 대가로 멕시코가 빼앗긴 미국 남부 획득을 보장하겠다는 내용이었기 때문이다. 4월 6일 미국 우드로 윌슨 대통령은 독일에 선전포고했고, 8일 뒤 멕시코 카란다 대통령은 치머만의 제안을 거부했다. 그리고 2년간 미국이 가세한 연합국의 파죽지세 반격 속에 1918년 11월 11일 오전 11시 사격 중지 명령이 전선에 하달되면서 4년 넘게 이어진 지옥 같은 전쟁은 끝이 났다.

전쟁이 종결되는 과정의 결정적인 계기일 수도 있는 치머만 전보 사건은 영국 암호해독반의 성과였다. 대전 발발 직후 영국은 독일의 모든 해저 케이블을 끊어버렸다. 그래서 독일은 전쟁 동안 모든 전문을 암호화해 무선통신으로 보내야 했다. 1914년 러시아에서 넘겨받아 처음 독일 암호 첩을 해독한 이래 대부분 대학교 등지에서 모집한 영국 민간인 부서원들이 해독한 유무선 신호는 1만 5천 건에 달했다. 영국 해군의 암호해독반 40호실, 이곳에서 치머만 전문도 해독에 성공한 것이다. 이 부서는 종전 이후에도 폐지되지 않았지만, 1922년 외무성은 이를 해군성에서 분리했다.

그 후 명칭이 '정부신호암호학교'로 바뀐 40호실은 담당 업무도 해외 강대국이 이용하는 암호 통신 방법을 연구해 영국 신호

암호 안보에 도움을 주는 것으로 변화했다. 기술적으로는 정보부 책임자가 부서를 통제했고, 명목상으로는 외무성 소속이었다. 책임자는 민간인 30명을 고위직 임원인 조교로 채용한 뒤 사무원과 타자수도 50여 명을 선발했다.

이들의 업무는 1920년대 정치에서 중요한 역할을 차지했지만, 다시 일어서던 독일의 도전으로부터 영국제국을 보호하는 데는 역부족이었다. 인원과 예산도 문제였으나 더 중요한 것이 있었다. 구식인 이 부서로서는 1930년대 후반 독일의 기계적 도전에 대응하는 것이 힘에 부쳤던 것이다. 제1차 세계대전 이후는 일명 '외교 암호 해독의 황금시대'였다. 독일 통신은 정부신호암호학교 능력으로는 해결할 수 없는 문제를 제기하고 있었다. 바로 에니그마였다.

1938년 영국 정보기관은 이를 해결할 수 없을 것으로 생각했다. 정부신호암호학교 부서에는 수학자가 한 명도 없었는데, 이런 치명적인 약점을 보완하기 위한 영구직 인원 충원 계획도 이루어지지 않았다. 그러나 전쟁 발발 시 암호 해독가 60명을 충원하겠다는 계획은 수립되었고, 앨런 튜링은 여기에 합류될 예정이었다. 충원 대상에 그도 포함되어 있던 것이다. 배경에는 여러 이견이 있지만, 제1차 세계대전 때 40호실에 근무했던 노 교수 중 한 명이 추천했을 것이라는 가정이 설득력 있게 받아들여지고 있다. 튜링은 이미 신호나 암호에 대한 호기심뿐 아니라 국가의 기밀 보호와 관련된 애국심을 장착하고 있었기 때문이다.

킹스칼리지
괴짜의 선택

튜링이 입학한 킹스칼리지는 예상처럼 수준이 높았다. 전통적으로 모든 수학 강의는 세계적인 권위자라 할 수 있는 교수들에게 맡겨졌고, 강의 자체가 완벽한 교과서에 가까웠다. 그는 이제 과학과 수학 세계의 중심에 있었다. 1931년 튜링 외 학생 85명이 '트라이포스'라 불리는 학위 과정에서 수학을 선택했다. 튜링은 수학이 가진 절대성, 즉 사회 계급과 돈, 정치 따위는 아무 의미가 없는, 세상일에 개의치 않는 그 절대성에 환호했다.

튜링에게는 친구가 많지 않다. 19살의 수줍은 학생이던 그의 첫 친구는 다른 수학 장학생 2명 중 한 명인 데이비드 챔퍼노운 정도였다. 몇 년 뒤 함께 〈백설공주와 일곱 난쟁이〉를 보는 그 친구 말이다. 그럼에도 그는 이전의 어느 곳보다 킹스칼리지에 잘 적응했다. 대학 보트 동호회에서 노를 젓거나 브릿지 카드놀이와 테니스 게임도 하면서. 연극과 오페라 관람뿐 아니라 바이

올린 연주, 유럽 여행도 함께였다. 킹스칼리지는 스스로 생각하는 것의 중요성을 확증해줄 뿐 아니라 개인적인 친근함 또한 강조했는데, 그런 면에서 튜링의 원래 목표였던 트리니티보다 잘 맞았다.

그러나 그가 무엇보다 열중한 분야는 수학이었다. 보통의 수학 신입생 수준을 뛰어넘은 그는 하나의 새로운 이론을 만들어내기까지 했다. 1933년 전쟁에 반대하는 분위기가 영국 곳곳에서 나타나던 해, 과학적 측정 결과를 그래프로 표시하면 정규곡선 형태로 분포되는 경향의 이유에 대한 설명이 만족스럽지 않았던 튜링은 이듬해 2월 말 이에 관련된 이론을 만들어냈다. 순수수학과 물리계를 연결하는 전형적인 문제였다. 이 결과를 다른 사람에게 보여주자 1922년 야르 린데베르그가 이미 증명했고, '중심 극한 정리'라 불린다는 말이 돌아왔다. 혼자서만 연구하다 보니 자기보다 먼저 목표를 달성한 사람이 있으리라고는 생각하지 못한 것이다. 하지만 정당한 설명을 붙이면 독창적인 연구로 인정받아 킹스의 특별연구원 자격 논문으로 수록될지 모른다는 조언을 듣는다.

1934년 최종 학위 시험을 우수한 성적으로 통과한 튜링은 'B 스나 랭글러'라는 뛰어난 성적을 받는 사람에게 주는 최우수상을 받는다. 이로써 교수가 되겠다던 그의 진지한 야심은 현실성 있게 다가왔다. 그는 고작 22살의 나이에 동기 중 최초로 46명 특별연구원 중 한 명으로 선정되었다. 셔본 학생들에게는 덕분에 반휴일을 즐길 수 있는 혜택이 돌아갔다. 이제 매년 300파운드의 봉급이 3년 동안 주어질 것이고, 학내에서 거주할 경우 숙식이 제공될 것이며, 주빈석에서 식사할 수 있었다. 생활방식의 변화 없이, 돈 걱정 또한 없이 자신이 원하던 연구를 할 수 있었다. 4월 런던수학학회에 제출되고 출판될 훌륭한 논문을 완성한 그는 20세기 수학계에서 가장 유명한 인물 중 하나인 존 폰 노이만을 만날 수 있었다.

1935년부터 시작된 특별연구원 시기는 현대 컴퓨터과학의 초석으로 여겨질 튜링의 논문이 발표된, 일명 '만능튜링기계'로 불릴 기계의 발명이 이루어진 때였다. 이것이 수학의 기초에 관한 난해한 철학적 문제를 연구하는 과정에서 출현했다는 것은 아이러니한 일이다. 완전히 추상적인 연구에서 탄생한 기계가 인간의 삶 구석구석에 영향을 미치는 실제적인 사용으로 연결되리라고 그 누가 예상했을까. 이는 '컴퓨터 메모리 안에 프로그램이 들어 있다'라는 개념, 즉 덧셈 등 계산만 생각하는 것이 아닌, '프로그램의 저장'이 가능한 '만능' 컴퓨터 아이디어였다.

그는 논문 제목을 〈계산 가능한 수와 결정문제 적용에 관하여〉라고 붙였는데, 이를 통해 모든 수학 문제를 풀 수 있는 '기적적인 기계'는 없다는 것을 증명하면서, 그 과정에서 다른 기적적인 것, 즉 '그 어떤' 기계 일도 넘겨받을 수 있는 만능기계라는 개념을 발견했다.

이 논문 역시 1936년 5월 8일 《런던수학학회》지에 게재하기 위해 제출되었고, 튜링은 당시 과학의 중심으로 떠오르던 미국 프린스턴대학으로 가는 증기선 베렝가리아에 오를 수 있었다. 그곳에서 18개월 만에 박사과정을 마치는 동안 그의 인생에서 앞으로 결정적이 될 선택의 이유를 엿볼 수 있는 몇 가지 장면을 남긴다.

먼저 어머니에게 쓴 편지로 유추할 수 있는데, 하나는 그가 '가능한 한 가장 보편적인 암호는 무엇인가?'라는 질문에 대한 답을 제시하고, 동시에 특별하고 재미있는 암호들을 만들어 낼 수 있다는 내용을 적어 보낸 것이었다. 편지 마지막에 "영국 정부에 거액을 받고 팔 수 있을 것 같은데, 그런 일을 하는 게 도덕적인지 의심이 듭니다."라면서.

다른 하나는 조지 5세의 후계자인 에드워드 8세와 심프슨 부인의 스캔들에 관한 것이다. 그는 '사람들이 왕의 개인적인 결혼을 간섭하려 든다니 끔찍하다.'라는 편지를 어머니에게 보냈다. 하지만 왕의 결혼은 개인사가 아니었고, 국가 전체에 영향을 미치는 중차대한 일이었다. 윈저 공과 심프슨 부인이 망명자의 삶을 시작하자 튜링은 그들의 사랑을 옹호했다. 그러면서도 공이 국가 기밀문서를 소홀히 방치해 부인과 친구들이 본 모양이라며, 국가 기밀이 새어나가고 있는 것에 걱정을 금하지 못하겠다는 편지를 보낸다. 암호와 관련된 호기심과 자신의 능력에 대한 자신감, 그리고 국가 기밀 보호와 관련된 애국심까지 역사는 튜링의 삶을 이끌 준비를 하고 있었다.

여기에 더해 튜링은 미국이 자신에게 힘든 곳이라는 사실을 체감한다. 킹스칼리지는 그에게 강압적인 대학 생활 경험을 준 곳이 아니었던 데 비해 미국은 그렇지 못했다. 조직 속에서 계획된 역할만 수행하면 되는 보수적인 영국의 인생관보다 경쟁에서 이겨야 하는 아메리칸드림에 적응하는 것이 그에게는 더 괴로운 일로 다가왔다. 결국 귀국을 선택한 튜링. 그는 1938년 여름 정부신호암호학교 본부에서 한 차례 교육을 받는다.

튜링과 친구들은 전쟁이 임박했음을 감지했다. 이들은 일종의 총알받이 병사들의 지휘관이 되기보다 각자 현명한 방식으로 조국에 봉사해야 한다고 생각했다. 독일이 히틀러에 의해 변화되던 때, 그곳을 여행했던 튜링이 파시즘에 대한 반대에는 공감하면서도, 정치적이 아닌 자신의 재능으로 헌신함으로써 자유를 향한 다른 길을 모색하겠다고 주장한 것에서 이는 이미 예견된 것인지도 모른다. '각자 할 수 있는 일을 하게 하라. 자신은 무언가 옳은 것, 진리인 것을 달성하리라.' 이것이 튜링의 주의였다. 이렇게 운명적인 결정을 내린 그는 영국 정부와의 긴 인연을 맺기 시작했다. 그는 반(反)파시스트들이 지켜내려 하는 문명을 존속시킬 싸움터로 들어갔다.

제2차 세계대전,
봄브와 콜로서스

나치 독일은 이미 1936년 3월 라인란트를 점령한 상태였다. 수년 뒤 히틀러가 라인 지방을 다시 잃었을 때 튜링이 고안한 만능 기계는 세상에 나올 운명이었다. 하지만 그렇게 아이디어가 실제로 구현되는 데는 수천만 명의 희생이 필요할 터였다.

히틀러가 라인란트 지역의 '비무장지대'를 침공한 뒤 오스트리아에 대한 '안슐루스(병합)'도 아무런 방해 없이 완료한 1938년은 튜링이 귀국을 선택한 해였다. 그해 가을, 나치 독일은 체코슬로바키아의 주데텐란트(수데텐) 지역도 침공했다. 무솔리니의 중재로 뮌헨에서 히틀러와 영국의 네빌 체임벌린, 프랑스의 에두아르 달라디에가 만난다. 일명 '유화정책' 하에 주데텐란트를 독일에 양도할 것을 결정했는데, 체코슬로바키아의 독일계 주민들을 독일이 지배하면 히틀러가 더는 베르사유조약 개정을 요구하지 않으리라 판단한 때문이었다. 그러나 히틀러는 '명예로운 평화, 우리 시대를 위한 평화'를 선포하며 런던으로 돌아온 체임벌린의 자랑이 어리석었음을 곧 증명했다.

히틀러는 결국 1939년 3월 체코슬로바키아의 남은 영토까지 병합했고, 영국도 외교 방침을 바꿔버렸다. 소련과 불가침조약을 체결한 히틀러는 폴란드에 회랑지대를 돌려달라고 요구했다. 폴란드는 예상과 다르게 강경한 태도를 보였고, 1939년 9월 1일 나치 독일군은 폴란드 국경을 넘었다. 영국과 프랑스는 철수하라는 공동 경고를 보냈지만, 회답이 없었다. 9월 3일 영국과 프랑스는 독일에 선전포고했다. 유럽에서 다시금 비극적인 세계대전의 막이 올랐다.

제2차 세계대전 동안 독일의 육군, 공군, 해군은 매일 수천 개의 암호화된 메시지를 전송했다. 전방 장교들의 세세한 상황 보고, 히틀러의 직접 명령에서 날씨 보고와 물자 보급선의 재고 상황과 같은 주요한 세부 사항까지 포함된 메시지였다. 가볍고 이동성이 탁월한 에니그마 기계는 장군 집무실, 무장 차량, 잠수함, 참호 등에서 똑같이 사용되었다. 독일의 군사용 에니그마는 폴란드 암호국에서 1933년부터 해독해오고 있었지만, 에니그마의 결함을 발견한 독일이 보완하면서 더는 쓸모가 없었다.

독일과의 개전 첫날, 튜링은 버킹엄셔에 있던 빅토리아 시대 저택인 블레츨리 대저택으로 옮겨졌다. 그는 이곳에서 에니그마 암호문 해독 전투의 핵심 인물이 된다. 에니그마를 다루려는 사람은 소수에 불과했기에 튜링은 혼자 작업했고, 그것은 그가 선호하는 방식이었다. 30명 정도였던 암호 해독가들은 육군과 해군, 공군 막사로 나뉘었다. 하지만 전쟁이 일어난 지 처음 몇 달 동안 '블레츨리들'의 시도는 전혀 성공하지 못했다.

1940년 초 튜링은 막사 8을 만들고 대서양 U-보트와 18개월에 걸칠 싸움을 시작했다. 튜링은 암호를 해독한 적이 있는 폴란드로 가서 그들과 함께하기 전부터 에니그마를 최초로 해독하고 있었고, 1940년 봄 드디어 에니그마를 깰 첫 번째 봄브(Bombe) '빅토리아'가 설치되었다. 전쟁이 끝날 즈음이 되면 거의 2천여 명의 여성이 튜링이 개발한 봄브를 작동시키는 일에 참여할 정도가 되지만, 이때는 봄브를 본격적으로 돌리는 데 필요한 자료들을 확보하기까지 꽤 오랜 기다림을 앞둔 시간이었다.

그해 나치 독일은 저지대 국가를 공격한 뒤 프랑스로 진군했다. 나치 독일군의 진격 속도는 열흘간 약 241킬로미터를 돌파할 정도였다. 공군의 폭격과 기갑 부대의 진격에 압도된 연합군은 속수무책으로 참패했다. 연합군이 덩케르크 항구로 필사적인 후퇴를 감행한 이유였다. 그럼에도 연립정부를 새로 이끈 처칠의 주장처럼 영국은 결국 마지막까지 싸우는 길을 택했다. 6월 초 영국 해군은 다수의 상선과 유람선을 징발해 덩케르크 철수 작전을 벌여 성공했다. 반면 파리가 공중 폭격당하는 것을 피하려 한 프랑스는 나치 독일과 6월 22일 휴전 조약을 체결했다. 이제 피레네산맥에서 노르웨이 노스곶까지 해안에 면한 유럽은 전부

나치 독일 영토가 되었다. 이들이 대서양과 스칸디나비아의 항구를 이용하자 후일 '대서양전투'로 불릴 전장도 추가되었다.

대륙에 동맹국이 없어진 영국은 당장 나치 독일로부터 정면공격을 받았다. 1940년 7월부터 65일간 수천 대 항공기가 비행장과 영국 항공기에, 이후에는 런던 같은 민간 목표물에 수백만 톤의 폭탄을 투하했다. 그러나 4만 명 이상 민간인과 공군의 희생, 그리고 레이더로 알려진 방어로 버텨낸 영국은 8월과 9월 치열한 공중전에서 승리를 거두었다.

사실 여기에는 숨겨진 블레츨리 공군 팀의 공헌이 있었다. 튜링 또한 참여했던 이들의 작업으로 해군보다 상대적으로 쉬운 공군 에니그마가 해독되고 있었기 때문이다. 이를 통해 영국 공군이 나치 독일과 생사를 건 전투를 벌이는 데 도움이 될 정보가 제공되었다. 에니그마 메시지는 폭격의 목표물을 미리 알게 해 주었고 영국 공군이 격추할 적기의 위치 또한 알려주었다.

"인간의 충돌이 있는 곳에서 너무도 많은 사람이 소수의 사람 덕을 이렇게나 많이 본 적은 없습니다."

처칠이 한 유명한 연설이다. 그의 말은 영국 공군과 레이더를 향한 것이었다. 블레츨리들의 공헌에 대한 감사가 내포되어 있다는 것을 아는 사람은 극히 소수에 불과했다.

독일은 소련으로 군사적 공격의 방향을 바꾼 대신 대서양 영국 상선들에 대한 공격에 더 집중했다. 폭격으로 무너뜨릴 수 없으니 물자를 수장시켜 굶겨 죽일 셈이었다. 미국에서 영국으로 식량, 군수품, 석유 등을 가득 싣고 오는 상선들의 선단은 그야말로 어뢰 공격의 먹잇감이었다. 이미 전쟁 발발부터 1940년 12월까지 U-보트의 공격으로 배 585척이 가라앉았다. 같은 기간 비행기에 의해 침몰한 상선이 202척이라는 사실과 비교되는 수치였다. U-보트의 공격으로 1941년 6월 초 영국의 물자는 바닥나리라고 정부는 예상했다. 암호를 해독해 U-보트 위치를 제공하는 것만이 선단들을 살릴 방법이었다.

튜링은 기적적으로 가장 알맞을 때 U-보트의 통신을 깨고 들어갔다. 필요한 데이터를 입수하기 위해 계속 시도된 해군의 작전이 마침내 성공을 거둔 것이다. 이후 해독 작업이 완벽하게 시작되면서 봄베는 엄청나게 많은 암호를 해독했고, 북대서양 U-보트들은 23일 동안 한 개의 선단도 발견하지 못했다. 블레츨리에서 U-보트의 에니그마를 읽고 있다는 사실을 감추기 위해 엄청난 비밀 유지는 필수가 되었다. 영국 정보부는 혁명적인 레이더를 발명했다고 속였다. 1942년 말쯤 50대가 넘었던 튜링의 봄브는 북아프리카에서 적을 궤멸시키는 데도 큰 역할을 했다. 에니그마를 깨 알아낸 정보로 에르빈 롬멜의 아프리카 군단을 이집트와 리비아 사막에서 완전히 몰아낸 것이다.

한편 독일은 에니그마보다 더욱 신형인 암호체계 터니(Tunny)를 사용하기 시작했다. 이동 전화기용 네트워크 같은 체계는 유럽부터 북아프리카까지, 베를린에서 최전방까지 이어져 있었다. 그러나 1942년 다시 한번 튜링의 돌파구로 이 메시지를 해독하는 체계적인 방법이 발견된다. '튜링거리'라 불리는 해독 알고리즘을 기반으로 토마스 플라워스가 1944년 최초의 대규모 전자식 컴퓨터인 콜로서스를 발명했고, 터니를 깨버린 것이다.

튜링과 동료 암호해독가들 덕분에 1943년부터 연합군은 매달 총 8만 4천여 개의 암호를 해독하고 있었다. 이들은 전송된 지 1, 2시간 이내에 확보되었다. 어떤 때는 독일군이 전송한 지 15분도 되지 않은 암호문이 영어로 번역되어 영국 해군 제독 앞에서 읽히고 있었다. 일부 역사학자들은 U-보트의 에니그마를 상대로 한 활동이 유럽의 전쟁을 2~4년 정도 단축했다고 평가한다. 당시 북대서양을 장악하던 U-보트들의 영향력을 약화시키지 못했다면 1944년 연합군의 노르망디 상륙 작전은 1년 이상 지연되었을 것으로 추측한다. 이 때문에 전쟁이 2~3년 계속되었다면 2천만 명 정도의 희생이 더 필요했을지 모를 일이다. 그러므로 어떤 휘황찬란한 수식어를 사용한다고 할지라도 튜링이 전쟁에 기여한 크기를 합당하게 표현할 수 없을 것이다. 1944년 6월 7일 시골길을 자전거로 달리는 평범한 청년이 그 유명한 디데이와 관련 있으리라 그 누가 상상했겠는가.

그러나 그만큼 중요한 것은 전쟁이 끝난 뒤 콜로서스의 운명이었다. 세상에 태어난 최초의 전자 컴퓨터 10대, 그중 2대만 생존한 채 나머지는 전쟁 후 다 파괴되었고, 컴퓨터 메모리 안에 디지털 방식으로 프로그램을 저장시키자는 튜링의 아이디어는 비록 들어가지 않았을지라도. 이들은 새로운 시대를 열었다.

베이비와 ACE, 미래를 열다

유럽에서 대전이 끝난 1945년 5월 8일은 맑고 화창한 화요일이었다. 많은 이들에게 자유이자 해방인 날이었지만 독일인들에게는 패전의 날이었다. 독일 영토는 점령되었고, 군인들은 포로가 되었으며, 동유럽에 거주하던 독일인들은 추방되었다. 미국, 영국, 프랑스와 소련은 독일과 베를린을 분할 점령 통치하며 나치 독일의 국가 구조를 전면 해체해버렸다. 그리고 몇 년 뒤 이 자리에서는 냉전의 싹이 틀 예정이었다.

블레츨리들도 해방되었으나 전쟁 동안 일한 그 어떤 것도 말할 수 없었다. 튜링은 음성 암호체계 개발과 관련해 정부와 일하기도 했지만, 대전 동안 그에게 일어난 관심은 1945년 런던에서 자동 컴퓨팅 엔진(ACE)으로 실체를 드러냈다. 이는 저장형 프로그램 방식의 거대한 전자식 컴퓨터로, 만능튜링기계가 바탕이 되어 개발되었다. 튜링은 이 과정에서 혼자 힘으로 독창적인 방법을 사용해 비슷한 시기 어떤 컴퓨터에서도 볼 수 없던 '명령표'라는 체계를 만들었는데, 이는 '컴퓨터 프로그래밍' 기법을 발명한 것과 같았다. 이후 개인용 컴퓨터의 바탕이 될 터였다.

그의 연구가 관료적인 병폐로 제자리걸음을 하는 동안 암호해독 동료인 맥스 뉴먼은 맨체스터대학에서 컴퓨터기계연구소를 만들어 콜로서스를 기반으로 연구를 진행한다. 그리고 1948년 6월 최초 저장형 프로그램 방식인 전자식 만능 컴퓨터를 만들었다. 그는 이를 '베이비'라고 불렀다. 튜링도 맨체스터로 옮겨가 참여하는데, 이때부터 그는 인공지능에 관련된 개척자적 연구를 진행한다. '기계들은 생각할 수 있는가?'라는 질문을 던지면서.

실제로 베이비가 탄생한 해에 튜링은 통계학자이자 친구인 챔퍼나운과 체스 프로그램을 만들었다. '튜로챔프'라고 불리는 세계 최초의 인공지능 프로그램이었다. 튜로챔프는 시뮬레이션으로 챔퍼나운의 부인과 플레이를 했고, 그녀를 이김으로써 인간 플레이어들을 이길 능력이 있는 프로그램이 제작되었음을 증명했다. 인공지능에 대해 최초로 언급한 선언문 격인 〈지능이 있는 기계류〉도 튜링에 의해 작성되었다. 앞으로의 컴퓨터는 전자두뇌를 가진 것처럼 인간 지능이나 도움, 판단력, 상상력에 의지하지 않고 스스로 일을 처리할 수 있는 인공지능을 가지게 될 것이라고, 놀랍게도 튜링은 예상하고 있었다. 다른 사람들은 컴퓨터로 어떻게 하면 쉽게 계산할까를 생각하던 때에.

그러나 튜링의 삶은 예상하지 못한 곳에서 끝을 향해 달려갔다. 우연히 동성애자라는 사실이 알려지면서 '범죄자'가 된 그는 2년간 호르몬 요법 치료를 받아야 했다. 보호관찰 기간은 1953년 4월에서야 끝났는데, 그 직전 3개월은 약을 주는 대신 허벅지에 호르몬 임플란트를 주입했다. 짜증스러운 일이었고, 효과가 3개월 지속될지도 의심한 그는 이를 제거했다. 자유였다. 치료를 끝낸 1953년 5월, 맨체스터대학 대학위원회에서 특별히 만들어진 컴퓨터 이론 부교수 직에 앨런을 임명하기 위한 공식투표도 진행되었다. 부교수 직은 그가 원하기만 한다면 앞으로 10년간 안정을 누릴 수 있는 자리였다.

튜링과 사과

 1954년 6월 8일 오후 5시경, 저녁을 준비하러 도착한 가정부 엘리자 클레이턴이 할라미드의 튜링 집에 도착한다. 그녀는 성령강림절 휴일을 끼고 며칠 동안 다른 곳에 있다가 돌아온 중이었다. 침실에 불이 켜져 있어 문을 두드렸지만 아무런 대답이 없었다. 문을 열었다.

 "나는 튜링 씨가 침대에 등을 대고 반듯하게 누워 있는 것을 보았는데, 죽은 것처럼 보였습니다. 그의 손을 만졌는데 차가웠습니다."

 이웃에 가 경찰에 전화한 그녀는 코트렐 경사와 함께 침실로 돌아왔다. 잠옷을 입은 채였던 튜링은 이불을 목까지 당기고 '평화롭게' 누워 있었다. 손목시계는 침대 옆 테이블에 놓여 있었는데, 몇 입 베어 먹은 상태인 사과가 함께 있었다. 입 주변에는 하얀 거품이 낀 액체가 있었고 톡 쏘는 아몬드 냄새가 났다. 청산가리 징후였다.

  10일 사인 규명 조사가 이루어진 후 스스로 목숨을 끊은 것으로 결론지어졌다. 사실 조사는 형식적이었는데, 사인이 너무 분명해 보였기 때문이다. 발견된 날 저녁, 검시를 담당한 병리학자는 청산가리 중독이라고 쉽게 사인을 밝힐 수 있었다. 형인 존 튜링도 검시에 참석했는데, 판정에 이의를 제기하면 안 된다고 생각했다. 신문 기자들에게 제공된 것은 사망 발견과 사인, 앨런의 건강 상태, 그리고 튼튼한 재정뿐. 그 외 실제 튜링의 모든 것을 규정하던 가장 중요한 요인들은 어떤 것도 언급되지 않았다.

  튜링의 죽음은 그를 아는 사람들에게는 충격적이었다. 어떤 조짐이나 설명도 없었다. 물론 모든 천재가 그렇듯 그는 예민했고, 시대의 폭풍 속에서 불운했으며, 정신과 상담을 받고 있었다. 하지만 그를 고통 속에 몰아넣은 재판과 치료도 끝난 지 한참 뒤였다. 그가 다시 일어서는 모습은 수치스럽고 절망적이고 두려운 모습과는 거리가 멀었기에, 그런 죽음은 이해하기 어려운 것이었다.

  튜링의 어머니도 판정을 받아들이지 못했다. 그녀는 사고였다고 주장했다. 그 당시 튜링은 다른 방에서 전해질 실험을 진행 중이었다. 그는 때때로 금도금에 필요한 청산가리를 전기분해에 사용하곤 했다. 그녀는 튜링이 실수로 청산가리를 손에 묻혔는데, 모르고 먹었을 것이라고 주장했다. 성장 과정을 본 사람으로서 반추할 때 상당히 일리 있는 가정이었다. 튜링 부인이 믿은 것이 실제든 아니든, 연옥이 존재한다고 믿는 그녀에게 튜링의 사고사는 스스로 목숨을 끊은 것보다 훨씬 덜 잔인했다. 만약 실제 튜링이 어머니를 속이려는 방법을 택한 것이라면 이 사건은 진실로 완벽한 것이었다.

한편 청산가리 중독은 평화보다 경련을 동반한다. 그럼에도 튜링이 안정된 자세로 누워 있다는 것은 또 다른 가능성을 생각하게 했다. 그가 죽은 뒤 누군가 정리를 도와준 것일지도 모른다는 의문이 제기되었다. 침실 문 밖의 신발도 그랬다. 밤에 침실 문 밖에 신발을 놓는 것은 특권 계급에서는 보편적인 일이지만 그가 평소에 선호하던 방식은 아니었기 때문이다. 그의 죽음은 결국 스스로 목숨을 끊은 것과 사고, 혹은 타살, 아니면 어머니의 신앙을 고려해 사고로 보이도록 철저하게 계산된 방법까지 수많은 경우의 수를 남긴 채 서둘러 종결되었다.

실제 많은 이들이 튜링이 독이 든 사과를 먹고 목숨을 끊었다는 말을 들어왔다. 전자식 두뇌에 관해 일하던 과학자가 청산가리를 삼키려고 사과를 사용했다는 이야기는 튜링이 죽은 지 얼마 뒤 신문에 처음 등장한다. 튜링의 탄생 100주년 아침, 《워싱턴 포스트》의 기사는 다시금 같은 내용을 싣는다. 이들은 이 방식을 여성이 죽는 가장 전형적인 것으로 여긴 튜링이 선택한 방법이었다는 내용을 동반하곤 했다. '튜링의 사과'가 역사 속에 등장하는 장면이다. 뉴턴과 같은(심지어 같은 케임브리지대학 출신이다) 천재가 백설공주와 같은 방법으로 죽었다는, 천재 과학자의 여성 같은 죽음을 의미하면서.

하지만 사실 당국은 그때 발견된 사과에 청산가리가 있는지 검사한 적이 없었다. 그러므로 그가 어떻게 죽었는지 사과는 아무런 단서도 줄 수 없었다. 잠자리에 들기 전에 마지막으로 사과를 몇 입 깨물어 먹는 것은 그의 오랜 습관이었다고 한다. 물론 사과 안에 청산가리가 들어 있었을 가능성도 부정할 수 없다.

그가 살아냈던 시대. 20세기 초 제국주의가 막바지로 치달던 때 대영제국의 일원으로 태어나, 출생 후 몇 년 뒤 맞은 제1차 세계대전, 청년 시절의 한복판에 찾아든 대공황과 제2차 세계대전, 그리고 그의 사망 때까지 옥죄였던 냉전과 인류 공멸의 위협. 그야말로 20세기 초 대서양 세계의 역사상 최악의 혼돈기는 시대적 문제 해결의 가장 핵심에 그를 위치하게 했던 그의 천재적인 능력과 재능, 성품 등과 반응했다.

수천만 명의 목숨을 앗아간 두 차례의 전쟁은 인간의 역사를 바꿀 무언가가 등장할 때의 희생을 의미하는 것 같았다. 그 과정에서 컴퓨터가 탄생했고 AI의 기원이 만들어졌다. 그리고 그것을 이루어냈던 수학자이자 과학자의 삶을 앗아갔다. 그의 개인적인 이유에서였든 권력적인 측면에서였든, 그 과정에서 비극적인 '튜링의 사과'는 탄생했다.

우리가 아무렇지도 않은 듯 쉽게 사용하고, 그러다 버리는 컴퓨터가 탄생하기까지 인류 역사상 가장 참혹한 희생들이 필요했다. 인공지능을 향해 가는 길을 최초로 연 사람의 아픔 역시 마찬가지다. 그것을 생각한다면 컴퓨터든 AI이든 함부로 인간의 악함을 강화하고 악한 의도를 독려하는 데 사용하는 것은 지양해야 하지 않을까. 튜링의 마지막을 지켰던 사과는 어쩌면 이 같은 꿈을, 그 대신 말하고 싶었을지 모른다고 상상해본다.

8장

새로운
신화의 탄생

혁신
●

혁신에서 차이를 찾은 사과, 새로운 신화의 탄생

/

애플의 사과는 현재까지 인류 역사가 선택한 마지막 사과라고 불러도 무방하다. 애플은 산업사회에서 잊힌 '사람'과 실용에 묻힌 '아름다움'의 가치를 새롭게 살리려 시도했다. 그리고 이성에 감성을, 시각에 촉각을, 절대에 상대를, 남성성에 여성성을 더하고 통합하려는 시각을 제시했다. 애플이 제시한 비전이 실제로 인류가 나아가야 할 방향이거나 그렇지 않을지라도.

사과의 세대교체

역사를 들여다보면 비슷한 시기에 일어난 사건들이 눈길을 끄는 경우가 종종 있다. 예컨대 영국과 프랑스의 백년전쟁이 종결된 1453년, 오스만 메메트 2세가 콘스탄티노폴리스의 테오도시우스 성벽을 뚫었다든지 조선 단종이 왕위에 올랐다든지 하는 것들 말이다. 기사환국이 일어난 1689년 청과 러시아가 네르친스크조약을 체결했고 영국에서는 권리장전이 제정된 것도 마찬가지다. 기록의 단절 때문에 그렇지 제대로 보존되었다면 훨씬 많은 사례를 볼 수 있었을 것이다. 역사가 더 풍요로워졌을 것은 물론이다.

그런 의미에서 1980년 12월 둘째 주는 매우 각별한 의미를 지닌다. 40년 넘게 지나 결과론적이기는 하지만, 역사라는 학문의 성격이 원래 그런 법이므로. 미국에서 두 사건이 한 주 안에 일어났는데, 이는 시대 변화에 대한 예언 같았다. 그것도 '사과'와 관련되어. 한 사건은 월요일인 8일, 전설적인 밴드 비틀스의 전 멤버 존 레논이 사망한 것이다. 그는 뉴욕에서 광적인 팬의 총에 피살되었다. 그리고 금요일인 12일, '애플 컴퓨터'가 기업을 공개했다. 한 주당 14달러로 책정된 460만 주의 주식은 22달러에서 출발한 뒤 즉시 거의 다 팔렸다. 29달러로 마감되자 1977년 정식 법인 설립 당시 5,309달러 가치라고 평가된 회사는 17억 7,800만 달러로 올라섰다.

이때를 기점으로, 1970년 비틀스가 해산된 이후에도 그 음악으로 떼돈을 벌어들였던 '애플 레코드'는 쇠락의 길로 접어든다. 반면 '애플 컴퓨터 주식회사'의 주식 상장은 전 세계에 새로운 '사과'의 탄생을 알렸다. 천 명의 애플 직원 중 창업자 3명을 포함한 40명 이상을 백만장자로 만들면서. 새로운 '사과' 신화의 탄생, 이것이 마지막 21세기 현재 역사가 선택한 사과 이야기다.

비틀스와 애플

　현재는 단지 '애플 주식회사'라고 불리는 회사의 공동 창립자 스티브 잡스는 회사 이름을 두고 1978부터 2003년까지 네 차례 소송에 휘말리며 비틀스 저작권자들과 싸워야 했다. 특히 2001년 아이팟 출시 이후 애플이 음반 시장을 장악하자 애플 레코드와 갈등의 골은 더욱 깊어졌다.

　잡스의 애플이 없었다면 어쩌면 비틀스의 애플이 마지막 사과 신화가 되었을지도 모를 일이다. 비틀스가 20세기 중반 세계 청년들에게 미친 영향은 상상을 초월할 정도였기 때문이다. 물론 그 청년들 안에는 잡스도 포함된다.

　제2차 세계대전 이후 미국은 역사상 전무후무한 생산과 소비의 거인이 된다. 세계 금 보유고의 70퍼센트 이상 소유, 전 세계 에너지의 40퍼센트 소비, 인구의 급격한 증가, 그리고 소비의 확산. 이 같은 풍요를 배경으로 자라난 세대는 1950~1960년대 기성 체제에 대한 저항을 특징으로 하는 청년문화를 구축했는데, 이는 영화와 TV를 통해 전 세계로 퍼져나갔다. 말론 브랜도, 제임스 딘과 같은 할리우드 배우들의 스타일과 엘비스 프레슬리의 로큰롤 등에 미국뿐 아니라 유럽 청년들 역시 그야말로 열광했다. 풍요로운 사회, 자동차와 오토바이, 반항적인 10대, 도로 위의 로맨스 등 이미지 자체가 기성 사회에 대한 저항이 되면서 시간 차를 두고 유행했다. 냉전 속 철의 장벽 너머 동유럽에서조차.

영국에도 상륙한 이들 문화는 미국풍 음악을 받아들이고 저항적으로 흥얼거리던, 재능이 충만한 밴드를 탄생시킨다. 존 레논, 폴 매카트니, 조지 해리슨과 링고 스타. 리버풀의 가난한 노동자 집안 출신의 네 청년은 대중음악 세계의 전설이 되고, 1965년 대영제국 훈장까지 받을 예정이었다. 1957년 결성을 시작한 영국 밴드 '비틀스'. 전 세계에 비틀마니아를 탄생시키며 유럽과 미국 등 각국에서 공전의 히트를 기록하고 전무후무한 대중음악 역사를 써나간 그들의 활약을 두고 일각에서는 '영국인의 침공'이라 부르기도 했다.

멀티미디어 기업인 애플 코어는 밴드 비틀스가 유한회사 비틀스를 대체하기 위해 설립한 회사다. 1968년 5월, 레논과 매카트니는 미국 NBC TV의 〈투나잇쇼〉에 출연해 회사 설립을 공식 발표했다. 매니저였던 브라이언 엡스타인의 사망 전 이미 런던 예술 중심지의 역할로 구상된 이 회사는 매카트니의 주도로 건립

되었다.

그들이 계획한 애플 코어는 '재능은 있으나 돈은 없는' 언더그라운드 예술인을 후원하는 기업체였다. 그 의도대로 곧이어 영화, 연극, 출판, 미술, 의상 디자인 등 각계각층의 여러 예술가를 만난 비틀스는 그들에게 돈과 기회를 제공했다. 비틀스 자체를 위한 것이 아닌 공공 이익을 위한 사업체로 애플을 만들고 싶다는 매카트니의 의도는 진심이었다.

하지만 그동안 비틀스의 사업 업무를 처리하고 개인 간의 분란을 중재했던 엡스타인이 사망한 가운데 이들이 경영에 참여한다는 것은 비극으로 이어지는 시작점이었다. 그들의 생각은 냉혹한 시장경제 속에서 불가능에 가까웠다. 비틀스는 순진했고, 애플 코어는 너무 이상주의적으로 운영되었다. 금전적인 손해가 발생한 것은 당연한 일이었지만, 최악은 경영진에 관한 논쟁으로 멤버 간 의견 충돌이 가라앉지 않았다는 것이다. 2년 뒤인 1970년 결국 비틀스는 해체를 선언하고야 만다. 당연히 회사도 무너졌다. 의도는 순수했으나 애플사를 세운 것은 비틀스에 최악의 결정이었던 셈이다.

초록색의 그래니 스미스 사과를 기본 로고로 사용할 애플 레코드는 애플 코어의 자회사로, 같은 해 비틀스 멤버들이 설립했다. 이 레이블에서 출시한 첫 번째 비틀스 음반은 1968년 11월의 〈The Beatles(별칭 더 화이트 앨범)〉다. 비틀스의 마지막 영화 〈렛 잇 비〉 끝 장면의 공연 실황은 애플 레코드 건물 옥상에서 행해진 것이라고 한다. 이 회사는 비틀스가 해체한 뒤에도 1974년 비틀스의 권리에 대한 법정 소송에서 이긴 뒤 전성기를 구가하며 1976년까지 새로운 음반 발매도 지속했다. 하지만 존 레논이 사망한 후 1980년대 중반 이후로는 적자 상태에서 벗어나지 못한다.

1970년대 말부터 애플 레코드는 애플 컴퓨터와 상표권 분쟁 소송을 벌였다. 분쟁 초기, 애플 컴퓨터는 음악 쪽으로는 진출하지 않겠다 약속했고 합의에 이르렀다. 하지만 이후 컴퓨터에 사운드 카드나 OS 효과음을 위한 음악 파일 등이 들어가면서 분쟁이 인다. 그러다 애플이 아이팟과 아이튠즈를 내세워 본격적으로 음악 시장에 진출하자 갈등은 최고조에 달했다. 뮤직 스토어로 음악 판매까지 나선 것은 합의 사항을 위반한 것이기 때문이다.

하지만 잡스의 애플에 대한 애착도 만만치 않았고, 끝까지 포기하지 않은 그에게 승소 판결이 내려졌다. 그는 2007년 2월 애플 레코드의 모든 상표권을 사들였다. 단 일부 상표권은 애플 레코드에 허가하는 조건으로 분쟁이 타결된 결과였지만, 마침내 비틀스 음악이 컴퓨터상에서 다운로드가 가능해진 것이다. 그동안 저작권이 여러 곳에 팔린 상태라 전곡을 다 받는 것은 불가능에 가깝다고 할지라도.

이런 일련의 과정을 보면 잡스가 비틀스에 적대적인 것으로 보일 수도 있다. 하지만 이는 오해에 가까운 판단이다. 실제 잡스는 1955년생으로 비틀스 음악과 함께 자란 세대다. 1964년 선풍을 일으키며 본격적으로 등장한 비틀스 최고 전성기인 1960년대 후반, 잡스는 누구나 인생에서 가장 큰 혼돈과 변화를 겪기 마련인 그 '10대'에 돌입했다. 청년들이 중남아메리카의 체 게바라와 베트남의 호찌민에 열광하며 유럽이 1968년 혁명에 휩싸였던 그 시기. 비틀스의 저항 정신이 담긴 노래 가사들은, 평범한 것에 대한 혐오를 느끼면서 실제 "Think different(다르게 생각하라)"라는 광고 문구와 같이 남들과는 다른 인생을 살기를 원한 그에게 적지 않은 영향을 미쳤을 것이다.

잡스는 이후 회사 광고에 존 레논의 사진을 싣기도 한다. 오노 요코가 보내준 사진이 마음에 들지 않자 뉴욕에서 그녀를 만나기까지 하는데, 결국 레논과 요코가 손에 꽃을 들고 침대에 나란히 앉은 사진을 직접 받을 수 있었다. 정성을 쏟았고 성공한 것이다.

사과,
선택되다

　1975년 6월 29일은 개인용 컴퓨터(PC) 역사에 한 획이 그어진 역사적인 날이다. 스티브 워즈니악이 수개월에 걸린 작업 끝에, '키보드에서 친 글자가 바로 눈앞의 화면에 떠오르게 하는' 데 성공한 것이다. 인류 유사 이래 최초였다. '애플 I'를 만들어 무료로 나눠주려 했던 그와 반대로 잡스는 판매를 설득했다.
　"내가 뭔가 근사한 걸 고안하면 스티브는 그걸로 수익을 올릴 방법을 찾아내곤 했지요."
　워즈니악의 말이었다.
　각자의 전자계산기, 폭스바겐 버스 등등을 팔아 약 1,300달러의 초기 자금과 제품 설계도, 사업 계획을 확보한 그들은 이제 컴퓨터 회사를 탄생시킬 터였다.
　잡스는 워즈니악의 공학적 천재성을 존경했고 워즈니악은 잡스의 비즈니스 감각을 존중했지만 서로의 성향은 극과 극이었다. 둘 사이를 중재할 사업 파트너로 지인 로널드 웨인을 끌어들인 이유였다. 물론 그는 잡스의 집 차고에서 창업한 지 12일 만에 800달러의 투자분을 회수하고 회사를 떠나면서 10퍼센트의 지분을 포기해 약 300억 달러를 잃는 최고의 불운한 사나이가 될 테지만.

이들이 시작하기 전 결정해야 할 것이 있었다. 바로 회사 이름이었다. 어느 날 잡스가 사과나무 가지치기를 하러 올 원 팜을 방문한다. 그곳은 린드대학 시절 잡스가 일한 사과나무 농장 공동체였다. 그날 돌아오는 길, 워즈가 공항으로 그를 마중 나온다. 차를 타고 로스앨터스로 향하며 여러 이름을 생각해본다. 잡스가 사업 등록 관련 서류를 제출하기로 한 다음 날까지 이름을 결정해야 하는 상황이었다. 이윽고 잡스 입에서 '애플 컴퓨터'가 나왔다.

"마침 그때 저는 과일만 먹는 식단을 지키고 있었어요. 사과 농장에서 돌아오는 길이었고요. '애플'은 재미있으면서도 생기가 느껴지고 위협적인 느낌이 없었어요. 컴퓨터가 주는 강한 느낌을 누그러뜨려 주잖아요. 게다가 애플은 아타리(잡스가 근무했던 유명한 비디오 게임 회사)보다 전화번호부에서 먼저 나올 수 있고요."

잡스의 회고였다. 다음 날 오후까지 더 좋은 이름이 떠오르지 않으면 애플로 가자고 말했고, 결국 그렇게 되었다.

이렇게 회사명을 짓는 과정은 특별한 것이 아니다. 애플의 전 최고 디자인 책임자 조너선 아이브가 애플 입사 전에 일한 '탠저린 디자인'이라는 디자인 컨설팅 회사가 있다. 보쉬의 전동 공구와 금성전자(현 LG전자) 전자 제품을 디자인하기도 했는데, 그들이 처음 사명으로 쓴 이름은 '랜드마크'였다. 적절한 무게감이 느껴져 창업자 두 사람은 만족했지만, 그 상호를 사용하던 네덜란드 기업이 법적 소송을 걸어와 곤란한 지경에 처한다. 이후 두 사람의 마음에 드는 이름이 떠올랐다. '오렌지'. 하지만 이 또한 덴마크 디자이너들이 사용하고 있었다.

때는 크리스마스 시즌, 주위에는 탠저린, 즉 귤이 널려 있었다. 둘 중 누군가의 시선이 과일에 꽂혔다. 그리고 곧이어 이것이 다양하게 해석될, 지극히 추상적이면서도 기억하기 쉽고, 영국과 미국은 물론 유럽에서도 쉽게 알아들으며, 자신들이 목표로 삼던 아시아권에서 선호하는 색을 가졌다는 사실을 깨닫는다. 그렇게 회사 이름이 만들어졌다.

사실 잡스 인생에서 '사과'에 대한 특별한 기억은 꽤 오래전으로 소급된다. 태어나기 전부터 입양이 정해졌던 잡스는, 어린 시절 자신이 부모의 친자가 아니라는 사실을 알고 충격을 받는다. 친부모로부터 버림받았다는 사실은 출생부터 결핍을 경험한 심리적 불안감으로 이어져 점차 무엇이든 통제하려는 성향을 띠게 했다고 분석되기도 한다. 그러면서도 양부모로부터 양육기에 충분히 받은 사랑은 그를 매우 똑똑하고 전자 제품에 관심이 많은 아이로 성장하게 했다.

한 학년을 월반해 일찍 들어간 크리텐든중학교는 갱단이 많은 곳에 있어 평온한 적이 없었고 그곳에서 잡스는 몹시 힘든 생활을 해야 했다. 2학년이 된 그는 결국 부모를 졸라 쿠퍼티노로 이사할 수 있었다. 좋은 학교에 다닐 수 있던 그곳은 애플이 정식 회사가 되는 22살까지 그에게 많은 경험을 제공했다. 전자공학을 접한 옛 동네에서 멀지 않았기에 계속 호기심을 자극받을 수 있었고 안전하게 자유롭게 놀 수도 있었던, 잡스에게는 최적의 주거지였다.

그러던 어느 날, 잡스는 이웃집 아저씨에게서 유기농법으로 채소와 과일을 '완벽'하게 재배하는 법을 배운다. 이때부터 좋은 음식에 대한 기준이 바뀌었고 유기농 과일과 채소를 선호하기 시작했다. 잡스는 그때를 추억하며 "그렇게 좋은 음식은 처음 먹어봤어요."라고 했다. 자신에게 최고 장소가 된 곳에서 최고의 재배 방식으로 자란 과일과 채소는 '완벽함' 그 자체로 느껴졌을 것이다. 잡스는 완벽한 과일과 채소를, 친부모로부터 버려지면서 시작된 삶의 불완전함을 채워줄 수 있는 존재로 생각했을지 모른다. 대학교 1학년 때 오로지 당근과 사과만 먹으며 몇 주를 버티기도 할 정도로 사과는 그렇게 잡스에게 완벽한 음식 중 하나가 되어가고 있었다.

대학교 시절 잡스는 그에게 영향을 준 인물 중 한 명인 로버트 프리들랜드를 만나 어울리기 시작했다. 그는 포틀랜드에서 남쪽으로 약 60킬로미터 떨어진 곳에서 사과 농장을 관리했다. 백만장자인 삼촌의 소유지였다. 프리들랜드가 '올 원 팜'이라는 공동체로 변모시킨 그곳에서 잡스는 가지치기 작업을 관리하곤 했다. 회사의 이름을 정하던 날 다녀왔던 그 농장이다. '사과'는 잡스의 삶에서 다양하게 모습을 드러내며 그에게 계속 존재를 알린 셈이다.

물론 이외에도 '애플'의 탄생을 추측하는 여러 설이 존재한다. 어떤 이들은 1977~1998년에 사용된 애플의 로고, 즉 무지개색(실은 여섯 가지 색이지만)의 한입 베어 먹은 사과를 두고, 앨런 튜링의 죽음과 관련해 해석하곤 한다. 현대 AI의 아버지라 칭송받는 앨런 튜링이 죽을 때 옆에 있던 베어 먹은 사과. 평소 튜링을 존경하던 잡스가 그에 대한 존경심을 담았다는 설이다.

"그렇게까지 생각했다면 좋았겠지만"이라고 자신의 자서전과 관련해 이야기를 나누며 잡스는 회고했다. 무지개색 애플은 디자이너 롭 제노프와 함께 완성한 것으로, 당시 애플Ⅱ가 컬러모니터를 선보인 최초의 가정용 컴퓨터라는 것을 강조하기 위해 사용했다. 한입 베어 먹은 것은, 그렇지 않으면 체리와 구분되지 않아 투표 끝에 채택된 것이라 한다. 이후에는 모니터 컬러를 강조할 필요가 없어진 애플에 잡스가 복귀한 뒤 사과의 형태만 유지하면서 색과 분위기에 변화를 주며 현재까지 이어지고 있다. 실제 1976년 초창기 애플은 가발을 쓴 것처럼 보이는 한 남자가 책을 읽고 있고 그 위의 나무에 사과가 달린, 언뜻 봐도 뉴턴의 사과가 떠오르는 로고를 사용했다. 물론 그들이 그렇다고 공식적으로 이야기한 적은 없지만.

컴퓨터 용어인 비트(bit)와 바이트(byte)를 '베어 물다'라는 bite와 엮어 언어유희했다는 설, 애플과 IBM이 치열한 신경전을 벌일 때 IBM 측에서 썩은 사과를 신문 광고에 내보내 애플을 비꼬자, 다음 날 '썩은 곳을 도려낸 사과'를 신문에 내보내 이 사건을 계기로 로고가 변경되었다는 이야기도 있다.

이렇게 로고에 대한 담론마저 형성되었다는 것은 그만큼 애플에 관한 관심이 뜨겁다는 의미가 아닐까. 상품에 가장 무서운 것은 소비자의 비판이 아닌 무관심이므로. 여하튼 똑똑한 이름이라는 평이 중론이다. 듣는 순간 친근감을 주고 쉬우며 간단했다. 평범하지만 반(反)문화적, 소박한 전원생활을 떠올려주면서 전형적인 미국 느낌도 들게 한다. 뉴욕의 닉네임이 '빅애플'이라는 것은 세계인이 아는 사실 아닌가. 더구나 '컴퓨터'라는 지극히 정반대되는 이미지의 단어와 결합하니 흥미 또한 유발되고. 누가 봐도 어울리지 않는 조합. 브랜드 인지도를 급격하게 상승시킨 일등 공신일지도 모른다.

에스프레소와
백설공주 프로젝트

 디자인 언어란 어떤 상품이나 웹, 서비스 등의 디자인에 적용된 디자인 스타일의 규칙을 가리킨다. 디자인에 적용될 공통의 가이드라인이라고나 할까. 공통으로 사용된 색, 타이포그래피, 레이아웃 또는 아이콘 등에 관한 규칙이다. 디자인 언어를 목적에 맞게 정의하고 적용하는 것은 팀 작업의 효율성을 높이고 디자인을 일관성 있게 만들어준다. 그래서 디자인 언어를 철저하게 만들면 만들수록 의사소통에서 오류나 서로 어울리지 않는 부분의 수정 작업이 줄어든다. 무엇보다 초기 단계에서부터 스타일의 세세한 부분까지 빠짐없이 정해놓는 것은 작업 진행 과정에서 나올 수 있는 실수를 줄인다.

 매킨토시 컬러 클래식 이후 아이맥 등 상품에 적용되어 온 애플의 디자인 언어는 '에스프레소'라고 불린다. 직선과 평면 대신 유기적인 형태와 굴곡을 강조하고, 다양한 색상과 재질의 플라스틱 원자재 사용을 시도한 유럽 스타일 언어라고 한다. 애플의 산업디자인 팀이 일하면서 애용하는 유럽산 커피포트의 '미니멀리즘' 디자인에서 따왔다는 '공식'적인 기원설을 가지고 있다. 미니멀리즘은 모든 기교를 지양하고 단순함을 추구해 근본적인 것을 표현하려는 예술 및 문화 사조로, 현 애플 디자인의 기본적인 지향점이기도 하다.

하지만 잡스가 디자인 언어에 관심을 두기 시작한 1980년대, 제품을 관통한 디자인 언어는 'Snow White(백설공주)'였다. '사과'와 '백설공주'라. 애플이라는 회사 이미지로는 생각하지도 못했던 것이지만 원래 어울리는 조합 아닌가. 당시 잡스는 1970년대 이탈리아의 올리베티가 누렸던 산업디자인계의 절대적인 명성을 애플이 누리게 만들겠다고 누누이 공언하곤 했다.

1980년대는 디자인이 상승한 시대였다. 매킨토시가 탄생하기 2년 전인 1982년 3월, 잡스는 애플의 모든 제품에 적용할 단일 개념을 만들 세계적인 수준의 산업디자이너가 필요하다는 결정을 내렸다. 당시 애플 컴퓨터 하드웨어는 제각기 다른 아이디어를 지닌 디자이너들이 만들어 한 회사가 아닌 여러 회사가 만든 제품처럼 보였기 때문이다.

잡스는 제리 매녹(애플 산업디자이너로 애플Ⅱ를 디자인했다)에게 〈백설공주〉 동화 속 난쟁이들 이름을 딴 제품 7개를 디자인하는 디자인 경연을 지시했다. 매녹이 어린 딸에게 읽어주던 동화책에서 영감을 받은 이름이라고 하는데, 잡스는 개성 있고 친근한 이미지의 제품을 연상시킨다고 마음에 들어 했다.

물론 《어린이와 가정을 위한 메르헨》 속 〈백설공주〉의 난쟁이들은 이름이 없다. 일곱 난쟁이일 뿐이다. 그들이 각자 이름을 갖게 된 것은 월트 디즈니 애니메이션 〈백설공주와 일곱 난쟁이〉에서였다. 박사, 심술이, 행복이, 잠꾸러기, 부끄럼쟁이, 재채기, 그리고 멍청이로 불리기 시작한 난쟁이들은 그 유명한 노래 〈헤이호(Heigh-ho)〉를 남겨 이후에는 이들만을 주인공으로 한 TV 애니메이션이 제작될 정도로 인기를 얻었다.

그렇게 시작된 경연에서 독일 산업디자이너인 프로그 디자인 회사의 하르트무트 에슬링거는 독보적이었다. 당시 30대 중반이었던 그는 일본의 소니, 후에 소니가 인수할 독일의 베가 TV 및 다양한 가전제품을 디자인해 조명을 받아왔다. 1982년 5월 그는 이미 쿠퍼티노로 날아와 잡스와 대면했다. '디자인 중심의 기업'이라는 가치관이 비슷해 서로 마음에 들었다고 한다. 잡스는 가볍게 웃으며 "일단 먼저 100만 개의 맥을 팔고 싶습니다. 그리고 애플을 지구상에서 가장 위대한 회사로 만들고 싶습니다."라며 꿈을 말했다.

에슬링거는 그 자리에서 앞으로 애플이 나아갈 방향을 결정할 중요한 몇 가지 제안을 잡스에게 한다. 그는 디자이너들이 엔지니어들에게 휘둘리고 있는 애플의 디자인 과정에 대해 생각해 보라고 한 뒤, 잡스에게 직접 보고하고 이야기 나눌 한 명의 디자인 리더와 그를 중심으로 한 디자인 팀이 필요하다고 말했다. 그리고 애플의 회사 전략 계획에서 디자인을 그 어떤 제품 개발보다 우선순위에 놓고 몇 년간 몰두해야 한다고 제안한다. 이런 과정이 작동되기만 한다면 애플은 신기술과 소비자의 상호작용에 관한 프로젝트 개발에서 몇 년 앞선 제품을 내놓을 것이라고 덧붙이면서.

잡스는 마지못해 약속했다. 그리고 에슬링거의 프로그는 〈백설공주〉 일곱 난쟁이 이름을 딴 제품을 디자인하는 과제에서 우승하며 결국 파격적인 조건으로 계약을 맺는다. 잡스가 매녹을 비롯한 사내 디자이너들에게 비록 외부 하청업자였음에도 에슬링거의 지휘에 따라 작업하라고 가차 없이 지시 내린 것을 보면 그의 충고를 전적으로 받아들였던 듯하다. 그리고 잡스의 전폭적인 지지 속에 에슬링거가 만들어낸 개념이 '백설공주 디자인 언어'였다.

백설공주를 적용한 첫 번째 주요 제품은 애플 Ⅱc(소형)였다. 이를 대표로 1984년부터 1990년까지 애플의 모든 제품은 백설공주가 기준이 되었다. 이들은 모두 깎아낸 모서리, 사선, 둥근 모서리 등을 활용하되 수직선과 수평선으로 컴퓨터 케이스 선들이 분할되어 실제보다 작아 보였다. 이때 채택된 연한 베이지색 등은 이후 컴퓨터 산업 전반에 걸쳐 케이스 디자인에 엄청난 영향을 미쳤다. 산업디자인계의 굵직한 상들을 휩쓸었을 뿐 아니라 대다수 기업이 앞다퉈 모방하면서 백설공주는 결국 PC 업계 전체의 실질적인 디자인 언어가 되기에 이른다. 비록 외부 업체에 의한 것이었지만 1984년 애플 Ⅱc의 탄생은 애플 역사상 처음으로 '디자인'이 중심이 된 제품의 출현이라는 점에서 중요한 의의를 지닌다. 잡스는 1985년 애플에서 쫓겨나는 처지가 되지만 그 와중에 디자인 진화라는 유산을 남긴 것이다.

  1992년 아이브가 애플에 입사했을 무렵 디자인 팀은 백설공주와 서서히 이별을 준비하는 중이었다. 다양해지는 애플 제품을 감당할 수가 없었기 때문이다. 황백색과 회색 일변도의 색, 직선 위주의 외양은 프린터와 휴대용 기기, 스피커, 휴대용 CD 플레이어 등 연달아 나오는 애플의 수많은 신제품과 어울리지 않았다. 애플의 잠재적인 시장은 새로운 디자인 언어를 기다리고 있었다. 그리고 에스프레소가 백설공주의 뒤를 이었다.

애플 뉴턴, 스마트폰으로

"설탕물이나 팔면서 남은 인생을 보내고 싶습니까? 아니면 나와 함께 세상을 바꿔보고 싶습니까?"

아직도 인구에 회자하는 유명한 말이다. 1970년 불과 30세의 나이로 펩시 부사장에 취임해, 기발한 아이디어와 천재적인 마케팅으로 펩시를 코카콜라와 대등한 브랜드로 키워 놓은 존 스컬리. '마케팅의 천재'인 그를 애플로 데려오기 위해 잡스가 건넨 말이다. 이 말에 설득된 스컬리는 1983년 애플의 일원이 되었다.

애플 CEO가 된 스컬리는 기존 PC 시장을 장악하고 있던 IBM을 향해 '1984'라는 공격적인 마케팅을 펼쳤고, 매킨토시를 그들의 경쟁자 수준으로 끌어올리며 애플을 비상하게 했다. 하지만 성향이 반대였던 잡스와 스컬리의 대립이 점차 심각해지면서, 스컬리를 해임하려고 연 이사회 표결은 도리어 독단적인 의사 결정을 일삼던 창업자 잡스를 쫓아내는 결과로 이어진다. 1985년 5월에 벌어진 일주일간 전쟁 뒤의 일이었다. 스컬리는 애플을 완전히 장악했고, 그 7년 뒤 아이브가 애플에 입사한다.

조너선 폴 아이브는 영국 청퍼드 출신으로, 전설적인 축구선수 데이비드 베컴의 칭퍼드공립학교 8년 선배다. 은세공인 교수였던 아버지의 영향으로 어렸을 때부터 그림과 디자인에 자극받았고 재능도 출중했다. 그저 잘했던 정도가 아니라 신동 수준이었던 듯하다. 아버지는 아이브에게 '무엇이든 만들 수 있다는 허락'을 크리스마스 선물로 주곤 했는데, 그때마다 만들고 싶은 것은 반드시 직접 손으로 그려야 한다는 조건을 붙였다고 한다.

런던 최고 디자인 회사인 로버츠 위버 그룹(RWG)의 장학금으로 뉴캐슬 과학기술대학에서 프로덕트 디자인을 전공한 그는 대학 재학 당시부터 디자인계의 주목과 함께 상을 휩쓸었다. 졸업 후에는 RWG를 거쳐 탠저린 디자인에서 일한다. 끊임없이 제작하는 실습이 주류였던 대학 교육 덕분에 그는 제작 단계에서 많은 시제품을 만들려는 특유의 열의를 장착했다. 탠저린에서 컨설턴트로 일한 경력은 그에게 컨설팅 조직의 사고방식을 심어주고 작업의 흐름을 습득하게 했다. 이후 그는 애플이라는 대기업 내부에서도 컨설팅 회사처럼 움직이는 디자인 스튜디오를 완성할 수 있었다.

그는 로버트 브러너 애플 산업디자인 팀장이 영국까지 찾아오는 등 세 번이나 권유받으며 스카우트되었다. 애플판 삼고초려인 셈이라고나 할까. 탠저린 동료들의 적극적인 응원에 힘입어 1992년 25세의 나이에 캘리포니아로 건너온 그는, 잡스가 떠난 뒤 다시금 엔지니어링 중심으로 회귀한 애플 디자인팀의 구원투수로 등판한다. 그가 맡은 첫 번째 굵직한 작업은 '뉴턴 메시지 패드'의 차세대 모델을 디자인하는 '린디 프로젝트'였다. 그야말로 심폐소생술이 필요한 상태였다.

뉴턴 패드는 1991년 스컬리에서 출발한다. 당시 일어난 데스크톱 출판 혁명으로 매킨토시가 전 세계에서 날개 돋친 듯 팔리던 때였다. 윈도95가 세상에서 빛을 보고 마이크로소프트의 운영체계가 애플을 퇴출 직전의 궁지로 몰아넣을 것은 몇 년 뒤다.

돈이 쏟아져 들어오자 애플은 생산라인을 확장했다. 스컬리는 21억 달러의 현금을 쏟아부으면서 신제품 개발을 가속화했고 동시에 혁신적인 휴대용 컴퓨터를 새로 개발하기 시작한다. 그는 그 컴퓨터에 '휴대용 디지털 단말기(PDA)'라는 이름을 붙였다. 라스베이거스에서 열린 전자제품박람회에서 주요 연설을 하며 조합해낸 이름이었다. 스컬리의 PDA가 뉴턴 메시지 패드라는 이름으로 출시되는 것이다.

'사과'와 '뉴턴'은 사과와 백설공주만큼이나 어울리는 조합이다. 17세기 뉴턴처럼 뉴턴 패드도 시대를 앞서갔는데, 터치스크린 방식으로 입력되는, 한 손에 들어올 만큼 작고 가벼운 컴퓨터였다. 일정 관리, 주소록, 메모, 전자사전, 이메일, 전화 등의 기능을 장착하고 말이다.

하지만 1세대 뉴턴은 생산 일정에 쫓긴 탓에 출시도 되기 전 심각한 결함이 발견된 상태였다. 손상되기 쉬운 유리 스크린 보호를 위해 제작된 덮개와 기기 윗면의 슬롯에 끼우는 확장 카드가 거치적거렸고, 스피커의 위치 등 문제도 많았다. 인식 보강을 위한 넓은 화면에 볼썽사납게 옆에 붙은 펜까지, 휴대용이라 했지만 벽돌 같았다. 출시 이전에 실패가 예견되어 있었다.

아이브는 아직 시장에 나오지도 않은 차세대 뉴턴 패드의 디자인 수정에 돌입했다. 즉 덮개를 좌우가 아닌 위로 열도록 바꾸고, 사람들이 놀이 요소에 애착을 가지는 것에 착안해 황동 스타일러스 펜을 고안한 뒤 옆이 아닌 위에 장착하면서 이를 기가 막히게 해결했다. 불과 2주 만에 결과물을 낸 그를 두고 주위 사람들은 '사랑에 푹 빠진 사람처럼 일했다.'라고 평가했다.

1994년 3월 뉴턴 메시지 패드 110이 출시된 후 아이브는 디자인상을 석권했다. 제품 자체는 낮은 품질과 비싼 가격으로 결국 시장에서 외면받았고 이에 스컬리가 결국 1993년 애플을 떠난 뒤였지만. 아이브는 그 모든 과정에서 기술적인 부분 때문에 자신이 원하던 디자인이 변경된 것을 못내 안타까워했다. 나아가 엔지니어링이 주도하는 회사 분위기에서는 디자인이 껍질을 입히는 정도라고 생각되는 것에 좌절을 맛보고 있었다.

그런 풍토는 결국 1995년 브르너의 사임으로 이어졌고 아이브가 뒤를 잇는다. 브르너는 자신이 인생에서 아이브를 추천한 것이 가장 잘한 추천이었다며, "내가 죽으면 묘비에 이렇게 적힐

겁니다. 조너선 아이브를 발탁한 사내, 여기 잠들다."라고 할 정도로 아이브에 대한 신뢰가 깊었다.

뉴턴 패드는 1997년 9월, 12년 전에 쫓겨났던 잡스가 애플로 복귀한 뒤 생산이 멈추었다. 스컬리에 의해 시작된 패드를 잡스가 좋아할 리 만무했지만, 무엇보다 애플의 하락세를 보며 그동안의 40여 종에 이르는 제품 수를 줄이고 정규직 4,200명도 해고하면서 재출발을 선언한 터였기 때문이다. 아이브는 애플을 떠나려고 마음먹은 시점에서 잡스를 만났고, 그를 만난 뒤 영국으로 떠나려고 싼 짐을 풀었다.

둘은 아이맥을 필두로 서로 호흡을 맞추면서 애플 역사상 가장 풍요로운 결실을 가져올 파트너가 된다. 엔지니어링 중심 문화에서 디자인 주도 방식으로 바꿔 애플의 모든 과정마다 디자인이 스며들도록 만들면서. 아이팟은 아이브의 단순화 철학이 낳고 잡스가 추진한 결정체였다. 그리고 뉴턴 패드는 아이브의 혁신적 사고를 통해 아이폰과 아이패드로 이어지며, 애플을 지난 50년간 최고의 브랜드이자 최고의 디자인 스튜디오 자리에 올려놓았다.

그런 의미에서 스컬리를 스마트폰의 아버지라고 부르기도 하는 것은 틀린 말은 아닌 듯하다. 게다가 1990년 스컬리가 애플 사령탑이던 시절에 개발한 '파워북'이 오늘날 노트북의 원형인 셈이니, 그의 시대가 황금 사과를 맺게 할 토양이 되어준 것은 틀림없다.

독이 든 사과

2011년 10월 5일. 1997년에 복귀해 애플을 지구상에서 가장 위대한 기업의 자리에 올리겠다는 꿈을 향해 뛴 지 14년. 애플을 자신의 분신과도 같게 여긴 스티브 잡스는 숨을 거두었다. 췌장암에서 시작된 비극적인 결말이었다.

잡스는 애플의 성공적인 재기 과정을 겪으며 자신보다는 제품에 막대한 관심을 쏟았다. 건강을 잘 챙기지 못했던 그는 2003년 자신이 췌장암을 앓고 있다는 사실을 알게 된다. 본래 췌장암은 초기 증상이 미비해서 보통 다른 장기로 전이가 된 상태로 발견된다고 한다. 이 때문에 암 제거 수술을 받을 수 있는 환자는 전체 췌장암 환자의 10퍼센트에 불과하다. 대부분의 췌장암 환자들은 결국 암 제거 수술을 받지 못하고 증상을 조절해, 살아 있는 동안 삶의 질을 높일 치료 방법만 선택할 수 있을 뿐이다. 그나마 생존 기간도 보통 4~5개월로, 매우 짧다.

다행히도 잡스에게서 처음 암이 발견되었을 때는 전이되지 않은 상태였고, 암의 종류도 진행 속도가 느린 데다 완치율이 높은 종양이었다. 매우 운이 좋았던 셈이다. 수술만 하면 되었다. 그런데 잡스는 수술을 거부했다. 자기 몸을 의사들이 여는 것이 싫다는 이유였다. 대신 그는 심령술, 약초 요법, 단식요법, 빈번한 장세척 등 자신이 통제 가능한 방법으로 병을 고치려고 했다. 이런 노력은 장장 9개월 동안 계속되었고, 결국 췌장암이 주변으로 전이된 상태에서야 수술을 받았다. 수술 후, 잡스는 췌장을 상당 부분 절제했기 때문에 단백질 섭취가 꼭 필요한 상태였다. 의사가 그에게 단백질과 영양가가 풍부한 식단 섭취를 권고한 것은 물론이다.

잡스는 이전에도 그랬지만 의사의 권유를 따를 생각이 없었다. 심지어 죽음을 앞둔 시점에서도 제한된 단백질 섭취를 제외하고는 크게 달라지지 않을 정도였다. 암은 계속해서 전이되었고, 잡스는 여러 차례 수술과 입원에도 자신의 식습관을 고수했다. 치료에 관한 모든 상황도 자신이 통제하고 있다고 여기고 싶은 듯한 모습이었다. 애플에서 제품을 만들 때처럼.

잡스가 리드대학교에 들어간 1972년 후반은 그동안 미국 내에서 베트남전쟁과 징집으로 야기되었던 긴장감이 점차 풀려가던 때였다. 대학생의 정치활동은 많이 줄었다. 그뿐 아니라 기숙사에서 밤늦게까지 벌어졌던 토론 주제는 주로 개인의 성취에 관한 것들이었다. 이런 분위기 속에서 잡스는 영성과 깨달음에 관한 다양한 책을 깊이 파고들었는데, 이때 그의 일생에 영향을 미칠 책을 접한다.

하나는 프랜시스 무어 라페의 《작은 지구를 위한 식습관》이었다. 채식주의가 주는 개인적이고 지구적인 혜택을 극찬한 이 책을 읽은 잡스는 육식을 영원히 멀리할 것을 결심한다. 이에 더해 장 청소를 통한 정화나 단식, 혹은 한두 가지 음식만 먹는 방식 등 극단적인 식생활을 받아들인다. 사과나 당근만 먹으며 몇 주간을 버티기도 한 것이 이때 일이었다. 그는 이미 1972년 봄 고등학교 3학년 2학기에 접어들면서부터 과일과 채소만 먹는 식습관을 시작한 터였다.

그의 이런 식습관은 독일 영양학 전문가인 아르놀트 에렛의 《디톡스 식습관의 치유 체계》를 읽으며 더욱 특이해졌다. 전분이 없는 채소와 과일만 먹으면 몸에 해로운 점액의 형성을 막을 수 있다고 믿은 것이다. 이는 시리얼조차 끊는다는 것을 의미했다. 밥, 빵, 곡물, 심지어 우유조차 그랬다. 이와 함께 장기 단식을 정기적으로 단행해 몸을 깨끗하게 만들어야 한다고 생각했다.

두 책은 잡스에게 채식주의를 더욱더 고수하게 했고, 장 청소와 단식으로 몸을 깨끗이 만들 수 있다는 신념을 갖게 했다. 잡스는 "단식을 일주일 이상 하면 아주 황홀한 기분에 휩싸이죠. 소화할 게 아무것도 없는 데에서 비롯된 엄청난 에너지를 얻을 수 있습니다. 몸 상태가 안팎으로 최상이기 때문에 당시 저는 아무때나 벌떡 일어나 샌프란시스코까지 걸어갈 수 있을 것만 같았어요."라고 했다.

실제 인간 신체는 소화하는 데 가장 많은 에너지를 사용하기 때문에, 단식은 신체에 휴식과 안정을 제공하며 심리적으로도 스트레스에 노출되지 않고 진정한 휴식을 취하게 해주는 기능이 있다고 한다. 잡스도 단식을 통해 증상들이 호전되는 것을 경험하며 심리적 평온함을 느꼈을지도 모른다. 그러나 이런 효과가 나올 기본 조건은 중한 질병이 없는 상태라는 것이 상식이지 않은가.

암이 계속해서 전이되는 상황에서 잡스는 포기해야만 살 수 있는 자신의 결심을 놓지 못했다. 애플 제품들이 자신에게 완벽한 '자식'과 같은 의미였던 것처럼 과일과 채소를 대표하는 또 다른 애플이 자신의 건강에도 완전한 음식이라고 여긴 것 같았다. 그의 고집은 병상에서 잡스를 간호한 아내 파월과 주변 사람을 힘들게 했다. 강박적인 식습관과 단식을 포기하지 못한 그는 계속해서 체중이 감소했고 암 치료는 악영향을 받았다. 그는 결국 죽음으로 8년 투병 생활의 막을 내리고 만다.

그에게 단순히 회사라는 의미를 넘어섰던 '사과'는 인류 역사를 그 이전과 이후로 나눌 만한 위대한 업적이 되었다. 잡스 시대에 탄생한 아이팟, 아이폰, 아이패드, 아이클라우드는 그가 꿈꾸던 진정한 '통일된' IT 유토피아를 만들었다고 여겨지기 때문이다. 기업 자체의 성공은 말할 것도 없다. 그러나 한편으로는 잡스라는 인간 자체를 죽음으로 몰고 가는 데 결정적인 영향을 미쳤으니, 그에게는 이것이 어쩌면 '지혜'의 이면에 독을 품은 사과는 아니었을까.

밀턴이 《실낙원》에서 '사과'를 가리켜 묘사했던 표현이 떠오른다. '선악의 지혜의 나무 열매'. 이를 먹는 사람은 선의 지혜를 얻는 혜택이 누리지만, 그와 함께 악의 지혜도 감당해야 한다. 즉 악의 지혜를 대가로 선의 지혜를 사는 것이므로 사과는 우리의 '죽음'인 '지식'의 나무 열매다.

디지털과 인문학

애플의 성공이 역사에 주는 의미는 무엇일까? 그들의 이야기가 전 세계를 강타한 것은 단순히 한 기업의 성공이나 잡스라는 한 명의 능력 때문만은 아닐 것이다. 물론 그가 남긴 족적이 상당히 큰 것은 사실이다. 일단의 프레젠테이션 현장과 강사들의 분위기를 잡스 이전과 비교해보라. 하지만 그가 세상을 뜨고 난 뒤에도 여전히 애플은 고공비행하고 있다. 그리고 애플 추종자들은 촉각을 곤두세우며 신제품 출시만 기다린다. 그 어느 때라도 숭배나 비판할 태세를 갖춘 채.

애플의 인기에 대해 학자나 비평가들은 18세기 후반 산업혁명 이래 인류가 거쳐 온 산업사회의 종말을 의미하는 것이라고 분석하곤 했다. 어쩌면 17세기 뉴턴 시대 기계론적 철학이 바탕이 된 시대로 거슬러 가야 할지도 모른다. 이성, 근면, 검약, 군대, 스포츠, 그리고 생산성, 수익, 기계 등등의 상징으로 대표되는 시대 말이다. 그런데 애플은, 정확히 말하면 잡스와 아이브는 이를 거부했다.

잡스는 디자인이 제품의 핵심이라고 여겼다. 백설공주 프로젝트가 그 기점이었을 가능성이 크다. 문화가 중심이 된 현재 사회에서 성공은 새로움과 아름다움에서부터 시작되고, 이에 기업 경쟁력은 창의성과 예술적 가치에서 나온다고 보았다. 그는 최초로 컴퓨터 서체에 아름다움을 입혔고 자신이 개발하는 모든 제품에 미적 디자인을 구현하고자 했다. 그리고 그의 요구에 가장 잘 부응할 인물을 전적으로 신뢰하고 지지했다. 조너선 아이브의 디자인 철학이 계속 주목받아 온 이유였다.

아이팟, 아이폰, 아이패드의 디자인을 창조한 디자인팀의 사령탑이자, 2011년 12월 31일 영국 왕실에서 기사 작위를 받고 이제 조너선 아이브 경이라 불리는 인물, 그리고 디자인한 6개 제품이 뉴욕현대미술관에 소장된 디자이너 조너선 아이브. 그의 디자인은 아름다운 형태일 뿐 아니라 감정적인 배려가 느껴진다고 평가받는다. 단순하면서도 우아하고 파격적이면서도 합리적이어서 사람들은 이전에 그런 작품을 본 적이 없었다는 것이 이상하다 여길 정도라고 했다.

아이브는 자타공인 독서광으로 19세기 문학작품을 즐겨 읽었고 박물관 또한 좋아한다. 그는 특정한 스타일이, 급속하게 변하는 시대에서는 디자인을 부식시킨다고 여겨 스타일에 연연하지 않는다. 그에게 중요한 것은 생명과 진정성. 이를 통해 소유자의 개성을 살려야 한다고 주장하곤 했다. 그에게 진정한 디자인은 디자인이 시야에서 사라지는 것이다. 완벽한 제품은 로고도 제품명도 쓸 필요가 없다. 제품 스스로가 말할 것이기 때문이다.

이런 디자인을 구현하기 위해 제품 디자인을 시작하기 전 그가 가장 먼저 생각하는 것이 있다고 한다. 바로 '이 제품의 스토리는 무엇인가?'라는 질문이다. 아이폰을 시작할 때도 그는 스토리부터 구상했다고 한다. 사용자가 이 제품을 쓰면서 어떤 감정을 경험할 것인가? 지각적으로 이 제품을 어떻게 느낄 것인가? 그 답을 찾는 것이 디자인의 출발점이었다. 아이패드 스토리도 마찬가지였다. 한 손으로 들고 정을 붙일 수 있는, 거기에 손대고 싶은 충동을 느낄 만한, 기계 같지 않은 기계라는 답이 나올 때까지 찾아나갔다. 2010년 1월 27일 아이패드 데이에 '노트북보다 더 친근한 기계'라며 아이패드가 베일을 벗자, 기술학과 인문학의 교차로에 선 제품이라는 설명에 찬탄이 쏟아졌다.

아이브와 잡스의 행보에 대한 '디지털과 인문학의 융합'이라는 평가가 합당하게 여겨지면서, 전 세계 기업들이 미래를 향해 나아가야 할 방향이 제시되는 것처럼 보였다. 오죽하면 그 이후 우리나라에서도 대기업에서 인문학 관련학과 출신 졸업생들을 뽑아 제품의 스토리부터 만들어야 한다는 붐이 일어났겠는가. 스토리로 대표되는 인간을 중심으로 한다는 면에서 '유니바디'라는 하나의 통합된 단위의 몸체에 애플의 철학과 디자인, 마케팅, 그리고 커뮤니케이션 방법이 다 들어 있는 그들의 언어는 아직도 유효한 듯하다. 단순함을 극단적으로 강조한 군더더기 없는 외관, 부품과 엔지니어링을 포함해 심지어 포장과 재활용 방식까지 적용되는 개념. 세세한 부분까지 신경 써 사용자가 복잡하게 느끼지 않도록 배려하고, 필요 없는 것은 하나도 없이 모든 것을 통합했다는 그들의 사고 말이다.

그렇지만 유사 이래 인류가 겪어보지 못한 시대를 겪으며 드러난, 미국을 비롯한 서구인들의 '자유'에 대한 표현 방식과 파편적인 모습 속에서, 기계에 대해서는 통합을 통해 편안하게 서비스받으려는, 지극히 수동적인 그들의 현실이 의아하게 느껴졌다. 그래서일까? 현실에서 고립되고 독립적인 사회 속에서 홀로 살아내야 하는 그들이기에 가상공간만은 아무 생각 없이 편하고 배려받으며 접근하고 사용하고 싶은 것이 아닐지. 조심스레 추측해본다.

애플이 제시한 비전이 실제로 인류가 나아가야 할 방향일 수도, 그렇지 않을 수도 있다. 하지만 그들이 산업사회에서 잊힌 '사람'이라는 대상과 실용에 묻힌 '아름다움'이라는 가치를 다시금 살리려 시도한 점, 그리고 이성에 감성을, 시각에 촉각을, 절대에 상대를, 남성성에 여성성을 더하고 통합하려는 시각을 제시해준 역사적인 의의는 결코 부정할 수 없을 듯하다. 그렇기에 애플의 사과는 현재까지 인류 역사가 선택한 마지막 사과라고 해도 무방하리라.

에필로그

 이 책이 세상에 처음 나왔을 때, 모두를 각자의 방에 가두던 시절이었다. 우리는 창밖을 보며, 다시 '함께' 모여 빛날 날을 꿈꾸었다. 캄캄한 밤을 새워가며, 그 밤보다 더 캄캄한 세상을 아파하며 써 내려간 글들은 그 간절한 꿈이 빚어낸 작은 열매였다.

 시간은 강물처럼 흘렀다. 그때의 그림자는 옅어졌지만, 세상은 또 다른 소용돌이 앞에 서 있다. 잠에서 깨면 세상이 바뀌어 있다. 인류는 이제 서로를 넘어, 인공지능이 펼쳐 놓은 낯선 세계와 마주한다. 때로는 타협하고 때로는 경쟁해야 하는 시대. 이런 오늘, 지나간 시간 속 사과를 다시 들여다보는 일은 과연 어떤 의미를 지닐까? 그 질문에 대한 대답은 우리가 막 지나온 이 길 위에 선명하게 새겨 있다.

에덴의 이브부터 실리콘밸리의 스티브까지 8개의 사과를 발견하는 긴 여정이 끝났다. 우리는 신화와 역사, 과학과 예술, 그리고 혁명의 한복판에 놓인 사과를 차례로 만났다. 태초의 질문으로 돌아간다. 왜 하필 사과였을까? 여덟 번의 굽잇길을 돌아 나온 지금, 우리는 어렴풋이 그 답을 안다. 사과는 그저 과일이 아니었다. 세상을 움직인 거대한 질문 그 자체였다.

사과는 언제나 선택의 기로에 놓였다. 낙원에서 추방당할 것인가? 황금사과를 누구에게 건넬 것인가? 아들의 목숨을 걸고 활시위를 당길 것인가? 스스로 독이 든 사과를 베어 물 것인가? 모든 사과 앞에는 인류의 고뇌와 결단이 있었다. 사과 자체는 말이 없었다. 다만 인류가 그 붉고 둥근 과일에 자신의 욕망과 고뇌, 희망과 좌절을 투영했다. 지식을 향한 갈망, 아름다움을 향한 탐닉, 자유를 향한 저항, 진리를 향한 집념, 죽음의 공포, 그리고 기존 세계를 향한 반항까지. 사과는 시대가 던진 질문에 인류가 내놓은 응답의 상징이었다.

한 알의 사과는 그렇게 인류 서사의 가장 극적인 순간마다 호출되었다. 뉴턴의 사과가 중력의 법칙을 속삭였고, 세잔의 사과가 현대 미술의 문을 열었다. 텔의 사과는 압제에 맞서는 용기를 노래했고, 튜링의 사과는 보이지 않는 전쟁을 승리로 이끌었다. 각기 다른 시대, 다른 공간에서 등장한 사과들은 보이지 않는 끈으로 연결되어, 결국 문명이 걸어온 길을 고스란히 증언한다.

책의 제목을 다시 떠올린다. 사과는 무엇을 꿈꾸는가.

어쩌면 사과는 아무 꿈도 꾸지 않았을지 모른다. 꿈꾼 주체는 언제나 인간이었다. 사과는 다만 선택받기를, 인간의 손에 들려 미처 몰랐던 세상의 비밀을 드러내는 열쇠가 되기를, 그리하여 거대한 서사의 일부가 되기를 꿈꾸었을 뿐이다. 하나의 평범한 과일이 인간의 상상력과 만나 신화가 되고 과학이, 예술이, 혁명이 되는 기적. 우리는 그 놀라운 연금술의 과정을 목격했다.

이제 책장을 덮는 당신의 손에도 저마다의 사과 하나가 들려 있다. 선과 악, 이성과 감성, 복종과 저항, 현실과 이상 사이에서 당신은 어떤 사과를 깨물고 어떤 이야기를 만들어갈 것인가? 인류가 남긴 8개의 사과는 이제 당신의 선택을 기다리는 또 다른 질문이 되었다. 그 선택이 모여 당신의 역사가 되고, 마침내 우리 시대의 이야기가 된다.

한 치 앞도 알 수 없는 매일의 세상 속, 순간순간 쓰이는 당신의 이야기가 부디 지혜와 용기로 가득하기를.

인격적으로 점잖은 무게 '드레'

드레북스는 가치를 존중하고 책의 품격을 생각합니다